# 「ポスト・トゥルース」時代における「極化」の実態

## 倫理的議論と教育・ジャーナリズム

編著：塚本晴二朗・上村崇
著：眞嶋俊造・茨木正治・山田尚武・本多祥大・鯉淵拓也

印刷学会出版部

# はじめに

本書は「科学研究費助成事業（学術研究助成基金助成金）：極化現象の分析と『ポスト・トゥルース』時代の倫理学的視座の探求（研究種目：基盤研究（C）一般　研究課題番号：18K00049：2018 年 4 月 1 日～ 2021 年 3 月 31 日）」の成果物である。この共同研究は、2018（平成 30）年 10 月に刊行した、「『極化』現象と報道の倫理学的研究」（印刷学会出版部）を踏まえて、ポスト・トゥルースといわれる時代における極化現象を考察しようと始めたものである。極化現象というのは意見が賛否に分かれる議題を集団で議論していると、両極端な意見へと集約されていく現象である。しかしポスト・トゥルース時代といわれる昨今では、ネットを中心に真実であるかどうかに関係なく、ただ敵対する相手を攻撃するだけの意見を浴びせるような事象が問題となっている。賛否が分かれるような争点を議論しているうちに、極化現象が起きたとして、もし双方が対立する側を言い負かすだけのために真実であろうとなかろうとなりふり構わず、ただ攻撃的な意見を浴びせるだけ、というようなことが起こる時代になっているとすれば、議論をすること自体がある意味で非倫理的だ、ということになってしまう。しかしその一方で、もし社会的争点があれば、全ての社会の成員が、徹底的に納得いくまで議論をするのが、民主主義の原則なはずである。

そこで今という時代の議論を倫理学的に検討してみた結果が、本書である。正直にいって、当初メンバーが考えていた筋書き通りには行かなかった。研究開始時期にちょうど平昌五輪があったので、日韓のナショナリズムがぶつかる議論もあるのではないかと考え、五輪報道の分析から始めたが、なかなか適当と思われる事例は見つからなかった。しかしそんな中で、当初期待していた議論の展開とはやや毛色が違うが、女子のカーリングに興味深い事例がみられた。そこで、この事例を具体例として取り上げて、以下のような構成にした。

第１章「『正しい罵り合い』――『正しい議論の仕方』からの類推」は、議論の仕方を根本的に考察する。議論というよりも罵り合いといった方が適当であるようなものになってしまいかねない、現在のネット上の論争であっても、議論が民主主義の原則であるのならば、否定してしまうわけにはいかない。そこで逆説的に、正しい罵り合いというものは存在するのか、という点に着目した。そこから正しい意見のやりとりとはどのようなものなのか、をまずは確認した。

第２章「SNSの極化――平昌五輪の韓国産いちご問題を事例としたTwitterにおける実証研究」は、平昌五輪期間中に発生した韓国産いちご問題を事例に、メディアの客観報道に基づいて、受け手の議論・対立（極化・分断）がどのように生じているかをダイアロジカルネットワーク分析によって明らかにした。それによって、ポスト・トゥルース時代における、極化現象のメカニズムの再構築を試みた。

第３章「『極化』・感情・熟議」は、第２章の平昌五輪報道の実証研究における極化モデルを踏まえて、メディア環境の変化と感情変数の考慮の２点から検討した。その後に極化と「熟議」とを感情によってつなげ、寛容性のある場の構築を以下の２点から試みた。まず極化現象における成員及び集団のもつ感情の働きをマス・メディア論と社会心理学の諸研究を概観することで明らかにした。次に感情が熟議を促すためにどの程度関与しているのかについて先行研究を辿ることによって整理をした。その際に、否定的感情の一つである「怒り」を取り上げ、その情報収集欲求が、極化状況に陥る集団が有する「私憤」を「公憤」に転化させることで、熟議との関連を模索した。

第４章「望ましい議論に向けて――ジャーナリストがすべきこと」は、第１章から第３章までの内容を踏まえて、議論のためのジャーナリストの規範を検討した。そのために、まずジャーナリズムという活動の大前提を確認し、ジャーナリズムの定義を提示した。それに則った活動をするジャーナリストのアプローチを四つに分類し、特に意見が対立し議論になりうるような問題を扱う際に、どのような対応が想定されるかを考察した。そこから日本におけるジャーナリストの規範の導き出しを試みた。

第5章「望ましい議論に向けて――教育ですべきこと」では、望ましい議論を形成する思考に焦点を定めて検討する。自らの正義感について批判的に考える態度が涵養されれば、他者を一方的に非難することはなくなるかもしれない。「正しい罵り合い」が公共空間のなかで成立するためには、一方的に相手を非難するのではなくて、罵り「合う」ことが必要である。罵り合う技術と態度を涵養することは、私たちの自ら発する言葉について敏感になり、規範的なお題目とは異なった言葉の力を取り戻すことにもつながる。そうした点に注目して考察する。

本共同研究には本書執筆者以外にも、日本大学法学部新聞学科准教授の笹田佳宏氏と日本新聞協会の阿部圭介氏という二人のメンバーがいる。二人の貢献なくして、この成果物は得られなかったであろうと思う。この場を借りて深く感謝の意を表したい。

最後になったが、前回に続きあまり売り上げを見込めそうもない本書の刊行を、快く引き受けてくださった、株式会社印刷学会出版部の中村幹社長と、編集をご担当いただいた石沢岳彦氏に衷心より感謝申し上げる。

2021年2月

塚本　晴二朗

# 目次

はじめに …… *ii*

第1章 正しい罵り合い ——「正しい議論の仕方」からの類推

1.1 はじめに …… 1
1.2 ユニコーンモデルからの検討 …… 4
〔1〕ユニコーン
〔2〕正しい戦争
〔3〕正しい罵り合い
1.3 「正しい議論の仕方」の類型 …… 6
〔1〕ソフトな対話（フリーディスカッション）
〔2〕ハードな対話（論点についての討議）
〔3〕講演・演説
〔4〕ディベート
1.4 「正しい議論の仕方」に共通するないし類似する特徴は何か？ …… 10
1.5 「正しい罵り合い」 …… 11
1.6 おわりに …… 14

## 第2章　SNSの極化

### ――平昌五輪の韓国産いちご問題を事例としたTwitterにおける実証研究


2.1　日本における韓国への感情 ………………………………… 15
2.2　極化現象モデルとネットレベルの極化 ………………………… 16
2.3　極化現象と「共鳴室」現象 ……………………………………… 18
2.4　エコーチャンバーと選択的接触 ……………………………… 22
2.5　メディア極化メカニズムの再構築 …………………………… 25
2.6　韓国産いちご問題の解明　――ダイアロジカルネットワーク分析を用いて … 30
2.7　Twitter上の韓国産いちご問題に関する極化 ……………… 32
〔1〕抽出されたインフルエンサーの概要
〔2〕日常的な共鳴空間
〔3〕共鳴空間の転換期
〔4〕農林水産省声明後の共鳴空間の補強
〔5〕共鳴空間の再転換
2.8　韓国産いちご問題からみる極化現象 ………………………… 44
〔1〕韓国産いちご問題を事例とした極化のメカニズムに関して
〔2〕韓国産いちご問題を議論していたのは、どのような集団だったのか？


## 第3章　「極化」・感情・熟議


3.1　はじめに ……………………………………………………… 51
3.2　Webメディアによる「極化」………………………………… 53
〔1〕「ハイブリッド・メディア・システム」と「ニュース性」
〔2〕「感情」概念の導入：社会心理学的接近

(a)　感情研究の現状：社会心理学、パーソナリティ心理学

(b)　メディア「極化」研究と感情

1.「極化」の諸相とメディア研究

2.「極化」の諸相と感情

**3.3**　**「極化」と議論（「熟議」）** …………………………… **67**

〔1〕感情と熟議

（a）熟議デモクラシーの概念、条件、過程

（b）感情と熟議の関連

（c）「極化」の諸相とメディア研究

（d）「極化」の諸相と感情

〔2〕「熟議」政治（deliberation politics/democracy）研究の現在

**3.4**　**おわりに** …………………………… **76**

## 第4章　望ましい議論に向けて　――ジャーナリストがすべきこと

**4.1**　**はじめに** …………………………… **81**

**4.2**　**「真実を述べること」と「信頼をえること」** …………………………… **82**

**4.3**　**ジャーナリズムの定義** …………………………… **84**

**4.4**　**ナショナリスティック・アプローチ** …………………………… **86**

**4.5**　**リバタリアン・アプローチ** …………………………… **91**

**4.6**　**リベラル・アプローチ** …………………………… **94**

**4.7**　**コミュニタリアン・アプローチ** …………………………… **96**

**4.8**　**インターネットの登場による状況の変化** …………………………… **98**

**4.9**　**おわりに** …………………………… **100**

## 第5章　望ましい議論に向けて　── 教育ですべきこと

5.1　はじめに　── モラル過剰の時代 …… 105
〔1〕正義を振りかざす時代
〔2〕モラル・パニック
〔3〕他者不在の思考　── 正しさの根拠をめぐる問いの忘却
5.2　正しい罵り合い？　── ラップ的思考を通した相互理解の試み …… 108
〔1〕文句ある奴らは会いに来い
〔2〕ラップ的思考の力　── 喜怒哀楽を源泉とする思考
5.3　対話による世界の創造　── 対話的思考と他者への応答 …… 110
〔1〕対話的思考と対話的教育
〔2〕被抑圧者の教育学　── 抑圧された者の解放としての教育
5.4　むすびにかえて　── 望ましい議論を「望ましい議論」にする態度 …… 112
〔1〕他者の存在に対する責任　── 応答責任と説明責任
〔2〕結局、「望ましい議論」に向かうとはどういうことか？
5.5　補遺 …… 113
〔1〕メディアリテラシー　── 教育という処方箋
〔2〕私たちの思考のクセを自覚する
〔3〕メディアリテラシー教育
〔4〕望ましい議論に向けた技術のトレーニング

おわりに …… 118

編著者紹介 …… 119

# 第 1 章

# 正しい罵り合い

―― 「正しい議論の仕方」からの類推 ――

## 1.1 はじめに

ある金曜日の夜、家のそばの居酒屋のカウンターで呑んでいると、テレビから「ボーっと生きてんじゃねーよ！」という言葉が聞こえてきた。そう、テレビではNHK総合の番組「チコちゃんに叱られる！」が放映されていた。著者はこの番組が苦手である。その理由は、5歳の設定の着ぐるみの女の子のチコちゃんというキャラクターが、クイズに答えられない回答者に対して発する「ボーっと生きてんじゃねーよ！」というセリフに強い抵抗感を覚えるからである。番組のタイトルは「叱られる」とあるが、そのセリフやそれを発する語気は「叱る」ではなく、「罵る」が正しいように思われる。

この番組が成立する、むしろ受け入れられている理由のひとつとして、5歳の女の子をモチーフとした、現実には存在しない女の子のセリフだからということが挙げられよう。そこには2つのポイントがあるように思われる。ひとつは「着ぐるみがCGになったときのセリフ」であることにあり、もうひとつは「5歳」という設定にある。この2つの要素が担保されているからこそ、この番組が放映できるのだろう。逆に言えば、それら2つの要素の内の1つでも欠けていれば放送できないかもしれない。

一つ目のポイントは、「ボーっと生きてんじゃねーよ！」が「着ぐるみがCG

になったときのセリフ」であることにある。例えば、もしCGではなく生身の人間が「ボーっと生きてんじゃねーよ！」といったとしたら、私たちはどう受け止めるだろうか。ひょっとしたら同じセリフであっても、CGが発する場合と生身の人間が発する場合とは異なる印象を与えるかもしれない。仮に、生身の人間がそのようなセリフを発したとしよう。そこに何か違和感はないだろうか。もし違和感がなかったとしても、そのような演出を行うことに何か「よくない」、何かが「正しくない」という直観を抱かないだろうか。

二つ目のポイントは、「5歳」という設定にある。もし20歳ないし50歳の設定のCGがそのようなセリフを発するとしたら、私たちはどう受け止めるだろうか。ひょっとしたら同じセリフであっても、5歳が発する場合と20歳や50歳が発する場合とは異なる印象を抱くかもしれない。仮に、20歳または50歳がそのようなセリフを言ったとしよう。それは暴言に他ならない。というのは、子どもは道徳的行為者とはみなされないが、重篤な精神疾患や障害を有していない限り、一般成人は道徳的行為者、つまり自らの行いに対して道徳的責任を負う存在者としてみなされるからである。言い換えれば、5歳の子供は自分の行いに対して責任を有せず、それゆえ責任を問うことができない。子供が「ボーっと生きてんじゃねーよ！」と誰かを罵ったとしても、そのセリフを発したこと、またそのセリフが発せられたことによる影響や結果に責任を負うことはないし、責任を問うことができない。しかし、もし一般成人が同じセリフを吐いたとしたら、そのセリフを発したこと、またそのセリフが発せられたことによる影響や結果に責任を負い、責任を問われることになるかもしれない。例えば、もしそのセリフを言われた相手が傷ついてしまったら、その責を問われるのである。

上記2つのポイントのどちらも満たさない場合を考えてみよう。例えば、30歳の生身の成人が回答者に対して「ボーっと生きてんじゃねーよ！」というセリフを発したとしよう。そのような場合、私たちは、そのセリフを発したこと自体に加え、そのようなセリフを出演者に発せさせる演出に道徳的嫌悪を抱かないだろうか。少なくとも、道徳的に称賛されるような行いではないように思われる。その理由は、それらの行いに2重の侵襲性、つまり2つの攻撃を見ることができるからである。ひとつは、出演者から回答者と第三者とに向けられた攻撃であり、もうひとつは、そのような演出を行った者から出演者に対する攻撃である。前者は「罵り」であり、後者は「搾取」である。上記の場合では、このような道徳的悪が剥き出しになる。

確かに、チコちゃんはバラエティ番組に出演する架空の登場人物である。チコちゃんに責任を問うことはできないし、演出を行った者がチコちゃんから搾取を行ったということも難しいかもしれない。しかし、度合いこそ違え、「チコちゃんに叱られる」には、上記の場合と同様の構造を見出すことができるだろう。著者が「ボーっと生きてんじゃねーよ！」に強い抵抗感を覚える理由はそこにある。

ところで、「罵り」は常に必ず悪いことなのだろうか。私たちは、「罵る」という行為を一般的によいこととは考えないし、また正しいこととも考えないだろう。むしろ、悪いこと、正しくないことと考え、それゆえにすべきではないこと、してはいけないことと考えるのではないだろうか。確かに、一般的にはそうかもしれない。ある人がもう一人を罵っている場面を想像してみよう。ある人は会社の上司で、もう一人は直属の部下だとしよう。上司は、仕事を失敗した部下に対して罵っている。例えば、「この半人前が！」と罵ったとしよう。私たちは、直観として、この罵りを悪いことであり、正しくないことであり、すべきではないし、してはいけないことであると考えるだろう。それはなぜだろうか。その理由は、罵った人と罵られた人と関係性において、非対称的な立場の違いという構造が存在するからである。このような非対称的な関係が存在するところにおいて、立場の強い者が自らの立場を利用して立場の弱い者を罵ることはパワーハラスメント、またモラルハラスメントを構成しうる。その理由は、罵りが罵られる相手の人格や人間性を傷つける行為であり、その罵りについて罵られる者との合意が存在していない点にある。つまり、この罵りの悪は、相手との合意が成立してないところで、一方的に相手に対して精神的または肉体的またはその両方の苦痛という危害を及ぼしうる攻撃という点にある。

逆に、部下が、部下自身がリーダーとなって進めている仕事について、何も知らないくせに余計な口先だけ出す上司に対して「おどりゃー神輿じゃけえ、黙っとれや」と罵ったとしよう。私たちは、直観として、この罵りについてもまた悪いことであり、正しくないことであり、すべきではないし、してはいけないことであると考えるだろう。部下が上司を罵るという場面は珍しいかもしれないが、もしそのような罵りが行われるとするならば、部下が上司を罵れる状況があることを意味する。そこにもまた、罵った人と罵られた人と関係性において、非対称的な立場の違いという構造が存在するだろう。つまり、組織上は形式的な上下関係が存在したとしてもそれが機能せず、実質的な関係は逆になっている構造である。いわゆる「逆パワハラ」に該当するかもしれない。この行為もまた、罵りが罵られる相手の人格や人間性を傷つける行為であり、その罵りについて罵られる者の合意が成立していないからこそ、悪いこと、正しくないこととされる。やはり、この罵りの悪もまた、相手との合意のないところで、一方的に相手に対して精神的または肉体的またはその両方の苦痛という危害を与えうる攻撃という点にある。

上記の2つの例は「正しくない罵り」といえるだろう。しかし、「正しい罵り」というのは存在しないのだろうか。また、同じように、行為主体がお互いに罵る「罵り合い」は、常に必ず悪であり正しくないのだろうか。

本稿の目的は、上記の問いを検討することにある。この目的を達成するために、以下で示す「ユニコーンモデル」を議論の手法として援用することにより、「正しい議論の仕方」を構築し、その類推から「正しい罵り合い」を論じていく。

## 1.2 ユニコーンモデルからの検討

「ユニコーンモデル」とは、模範型の構築と共有から現実の事例の有無や正不正を判断する方法である[1)]。「ユニコーン」が現実世界に生命体として存在するか否かを論じることは荒唐無稽と思われるかもしれないが、一つの論証の形態をとるだろう。以下、「ユニコーン」、「正しい戦争」、「正しい罵り合い」について見てみよう。

1) このモデルと、それを戦争へあてはめて類推することは、拙書『正しい戦争はあるのか？戦争倫理学入門』（大隅書店、2016年）291-293頁に提示したものである。

### 〔1〕ユニコーン

① 私たちは「ユニコーン」がどのようなものであるかについての知識を持っているか、少なくとも知識を得ることができる。
② 私たちは「ユニコーン」についての知識から、それがどのようなものであるかを思い描くことができる。
③ 私たちは「ユニコーン」について「西洋の神話に出てくるような想像上の動物で、馬に似ていて額から角が1本生えている」という模範型を共有できる。
④ 私たちは実際に「ユニコーン」を見たことがない。
⑤ 私たちは「ユニコーン」に関する知識から、ウマやロバは少なくとも「ユニコーン」ではないと判断できる。

次に、「正しい戦争」を考えてみよう。

### 〔2〕正しい戦争

① 私たちは「正しい戦争」がどのようなものであるかについての知識を持っているか、少なくとも知識を得ることができる。
② 私たちは「正しい戦争」についての知識から、それがどのようなものであるかを思い描くことができる。
③ 私たちは「正しい戦争」について模範型（例えば、正戦論）を共有できる。
④ 私たちは実際に「正しい戦争」を（ほぼ）見たことがない。
⑤ 私たちは「正しい戦争」に関する知識から、虐殺や民族浄化を目的とした武力行使は少なくとも「正しい戦争」ではないと判断できる。

では、「正しい罵り合い」はどうだろうか。

### 〔3〕正しい罵り合い

① 私たちは「正しい罵り合い」がどのようなものであるかについての知識を

持っているか、少なくとも知識を得ることができる。

② 私たちは「正しい罵り合い」についての知識から、それがどのようなものであるかを思い描くことができる。

③ 私たちは「正しい罵り合い」について模範型を共有できる。

④ 私たちは実際に「正しい罵り合い」を（ほぼ）見たことがない。

⑤ 私たちは差別表現やヘイトスピーチをし合うことは少なくとも「正しい罵り合い」ではないと判断できる。

「正しい戦争」や「正しい罵り合い」に関しては、④の文中に「（ほぼ）」が挿入されていることに注意して欲しい。「ユニコーン」が現実の正解に存在しないというのは事実判断である。また、「戦争」や「罵り合い」そのものが現実の世界に存在するというのもまた事実判断である。しかし、それらが正しいか正しくないかは価値判断（道徳判断）であり、一般的に悪いと考えられていても議論の余地を残す。そこに「正しい罵り合い」を検討する意義があるのだ。

## 1.3 「正しい議論の仕方」の類型

「正しい罵り合い」を考えるにあたっては、正しいとされる議論の仕方、つまり「正しい議論の仕方」から考えてみることが有効だと思われる。というのは、「正しい議論の仕方」の特徴を捉えることができたなら、「正しくない議論」がどのようなものであるかがわかるだけではなく、「正しくない議論」の１つ、少なくとも伝達行為という点を共有する「正しくない罵り合い」を導き出すことができるだろう。

「正しい議論の仕方」とは、一体どのようなだろうか。議論といっても、様々な場で、また様々な形式や形態で行われる。「正しい議論の仕方」は、それらの違いによって異なってくるだろう。そのため、まずは、議論が行われる場や形式や形態について理解しておくことが重要であると思われる。それらは、大まかに以下の４つに分類することができるだろう。なお、講演や演説は往々にして一方的なものであるから厳密に言うと議論という範疇には入らないかもしれないが、講演や演説が終わった後にフロアや聴衆との質疑応答があるものであれば、議論の一形態としてみなすことができるだろう。

| | |
|---|---|
| ◆ソフトな対話（フリーディスカッション） | 例：哲学カフェ |
| ◆ハードな対話（論点についての討議） | 例：ソクラテスの対話 |
| ◆講演・演説 | 例：議会答弁・アジ演説 |
| ◆ディベート | 例：法廷弁論 |

では、上記4つにおける「正しい議論の仕方」とは何だろうか。それぞれについて見ていこう。

### 〔1〕ソフトな対話（フリーディスカッション）

① 説得力のある理由を以て筋の通った意見を述べる。

② その意見について「さしあたっての（prima facie）」実存的コミットメントを持つ。

③ 相手の意見について「友好的な」聞く耳を持つ。

④ 相手の意見やその背後にある理由を公正かつ不偏的に分析・評価する。

⑤ 相手の意見に筋が通っていないと判断・評価した場合や、その背後にある理由を説得力がないと判断・評価した場合には、「なぜ、どの点で主張に筋が通っていないか、理由に説得力がないか」という意見（反対意見）についての説得力のある理由を相手に提示してもよいし、しなくてもよい。

⑥ 相手の意見と理由に説得力があると判断・評価した場合には、自らの意見と異なっていても相手の意見を受け入れる心構えを持つ。

⑦ 自らの意見や理由を再検討し、自らの意見に筋が通っていなかったことが分かった場合や、自らの理由に説得力を欠くことが分かった場合には、主張や理由を修正し、それを受け入れる心構えを持つ。

⑧ 相手を誹謗中傷しない。

### 〔2〕ハードな対話（論点についての討議）

① 説得力のある理由を以て筋の通った主張を行う。

② その主張について「さしあたっての（prima facie）」実存的コミットメントを持つ。

③ 相手の主張について聞く耳を持つ。

④ 相手の主張やその背後にある理由を公正かつ不偏的に分析・評価する。

⑤ 相手の主張に筋が通っていないと判断・評価した場合や、その背後にある理由を説得力がないと判断・評価した場合には、「なぜ、どの点で主張に筋が通っていないか、理由に説得力がないか」という主張（反論）についての説得力のある理由を相手に提示する。

⑥ 相手の主張と理由に説得力があると判断・評価した場合には、自らの主張と異なっていても相手の主張を受け入れる。

⑦ 自らの主張や理由を再検討し、自らの主張に筋が通っていなかったことが分かった場合や、自らの理由に説得力を欠くことが分かった場合には、主張や理由を修正する。

⑧ 相手を誹謗中傷しない。

### 〔3〕講演・演説

① 聴衆が説得力のある理由を以て筋の通った主張がなされていると思うように、または聴衆にそのように思わせるように行う。

② その主張について「さしあたって（prima facie）」の実存的コミットメントを持つ必要はない（そうすることが規範論的には望まれるが、事実はそうであるとは限らないし、むしろ逆に持つべきではない場合もあるかもしれない）。

③ 相手の主張について形式的にはともかく実質的には聞く耳を持つ必要はない。

④ 相手の主張やその背後にある理由を公正かつ不偏的に分析・評価する必要はない。

⑤ 相手の主張に筋が通っていないと判断・評価した場合や、その背後にある

理由を説得力がないと判断・評価した場合には、「なぜ、どの点で主張に筋が通っていないか、理由に説得力がないか」という主張（反論）についての説得力のある理由を相手に提示する必要はない。

⑥ 相手の主張と理由に説得力があると判断・評価した場合には、自らの主張と異なっていても相手の主張を受け入れる必要はない。

⑦ 自らの主張や理由を再検討し、自らの主張に筋が通っていなかったことが分かった場合や、自らの理由に説得力を欠くことが分かった場合には、主張や理由を修正する必要ははい。

⑧ 相手（主に直接の聴衆ではなく第 3 者）を誹謗中傷してもよいし、しなくてもよい。

⑨ なお、講演や演説が議論たるには、後援や演説が終わった後にフロアや聴衆との質疑応答があるものであれば、議論としてみなすことができるだろう。

## 〔4〕ディベート

① 審判が「説得力のある理由を以て筋の通った主張がなされていると思うよう、審判にそう思わせるように行う。

② その主張について「さしあたっての（prima facie）」実存的コミットメントを持つ必要はない。逆に持っていると心理的負担になり不利になることもあるので自らを殺すことが求められるかもしれない。

③ 相手の主張について「敵対的な」聞く耳を持つ（相手の主張や理由の穴を突くため）。

④ 相手の主張やその背後にある理由を公正かつ不偏的に分析・評価する。

⑤ 相手の主張に筋が通っていないと判断・評価した場合や、その背後にある理由を説得力がないと判断・評価した場合には、「なぜ、どの点で主張に筋が通っていないか、理由に説得力がないか」という主張（反論）について説得力のある理由を審判（と相手）に提示する。

⑥ 相手の主張と理由に説得力があると判断・評価した場合には、自らの主張と異なっていても相手の主張を受け入れる必要はない。

⑦ 自らの主張や理由を再検討し、自らの主張に筋が通っていなかったことが分かった場合や、自らの理由に説得力を欠くことが分かった場合には、主張や理由を修正する必要ははい。

⑧ 審判を言い包めることにより、相手を言い負かす。

⑨ 審判や相手を誹謗中傷してもよいし、しなくてもよい。そもそもディベートの目的上、そうする必要はない（しかし、「誹謗中傷は相手に勝つ」というディベートの究極的目標の達成を疎外することにつながるおそれがあるため、思慮ある話者はすべきではない）。

## 1.4 「正しい議論の仕方」に共通するないし類似する特徴は何か？

前節で分類、分析した「正しい議論の仕方」に共通ないし類似する特徴は何だろうか。その一つとして、議論を行う行為者による「場」の共有性――共有することへの動機と意図、共有する意識、共有することの価値の自覚、共有すること、少なくとも共有を喪失しないことへの積極的関与――を挙げることができる。そのような「場」には、「場」の共有や運営についての規則、約束、取り決めが存在する。「場」に参加するためには、参加者はそれらの規則、約束、取り決めに合意または同意しなければならない。であるならば、「場」の共有に対する、潜在的または顕在的な脅威や攻撃や破壊行為は禁忌となり、排除されることになる。そのような禁忌の例として、やじや不規則発言を挙げることができるだろう。不規則発言とされる行為を行えばその責を問われうることとなり、謝罪や撤回が求められ、場合によっては懲罰の対象となる。

次節では、「正しい議論の仕方」の分析から導き出された「場」から、特に公共空間に焦点を当て、「正しい罵り合い」の成立可能性について検討を行う。

## 1.5 「正しい罵り合い」

「正しい罵り合い」というのは、「静寂の音」や「灼熱の氷」やといったような矛盾語法のひとつとして思われるかもしれない。しかし、本当にそうなのだろうか。

罵りの特徴とは、相手に対して一方的に誹謗、中傷、攻撃的な差別的発言であり、それを行うことが罵ることの特徴であるといえる。また、罵り合いの特徴とは、2つまたはそれ以上の行為主体である個人や集団が行う罵りの共同行為であり、それを行うことが罵り合いの特徴であるといえる。

罵り合いの一例としてヘイトスピーチのし合いを挙げることができる。ヘイトスピーチの特徴は、自らや自らが属する（と自らが信じる）集団が有するとされる何らかの属性（例えば、政治信条、人種、民族、宗教、イデオロギー、性別、性的指向、障害の有無や程度、出生・出身国また国籍）とは異なる属性を持つ個人やその個人が属する（とみなされる）集団に対し、その属性の差異を否定的に強調し、誹謗・中傷・脅迫・差別的発言を行い、その対象となる個人や集団に対する人々の偏見や憎悪を煽る点にある。

2つ以上の行為主体がお互いにヘイトスピーチをし合うのであれば、それは正しい罵り合い足りうるだろうか。おそらくこの条件だけでは「正しい」を構成しえないだろう。では、もし他に何らかの条件を加えれば、正しい罵り合いが構成されるだろうか。この問いの鍵は場の共有にありそうである。

ヘイトスピーチをし合う行為者がお互いにその行為をし合うことについて合意ないし同意するという手続き的正義が満たされている状況であればどうだろうか。おそらく、お互いが行為者であるまた被行為者でもある人々だけで構成された閉ざされた空間であれば、ヘイトスピーチのし合いは「正しい罵り合い」となるだろう。しかし、この「正しさ」は、閉ざされた場においてその場を共有しているそれぞれの行為者にとっての「正しさ」でしかいない。

重要な点は、開かれた空間、つまり公共空間には、ヘイトスピーチをし合う行為者だけではなく、その行為の受け手となる被行為者が存在することにある。ここでいう被行為者とは、ヘイトスピーチの直接の対象となる個人や集団だけではなく、ヘイトスピーチを聞く人々やヘイトスピーチが行われたという事実を知る人々も含まれる。

開かれた空間として代表的なものとして公共空間を挙げることができる。例えば、多くの人々が行き交う街頭で、日本国籍を有さない人々に対するヘイトスピーチが行われたとしよう[2)]。そこには、ヘイトスピーチを行う行為主体と、ヘイトスピーチの対象となる受け手が存在する。また、ヘイトスピーチを聞きに集まった人々、たまたま通りかかってヘイトスピーチが聞こえた人々という直接的な受け手と、ヘイトスピーチが行われたということを知る人々という間接的な受け手が存在する。ヘイトスピーチが行われている場に居合わせていないが、その対象となる個人や集団もまた、直接的ないし間接的な受け手となりうる。

もしヘイトスピーチの対象となっている個人や集団がそれをよしとするのであれば、それは正しいヘイトスピーチ、つまり「正しい罵り」となるのだろうか。それは間違いである。公共空間であるからこそ、ヘイトスピーチは私たちが公共空間という「場」を共有にあたっての潜在的または顕在的な脅威や攻撃や破壊行為であり、それは禁忌となり、排除されるべきものとなる。というのは、公共空間にはヘイトスピーチを行う行為者と、ヘイトスピーチの対象となる者だけが存在するのではない。ヘイトスピーチを支持する者もいれば、反対する者もいるだろう。それに加えて、聞きたくもないヘイトスピーチによって良心を痛める、善良な通りがかりの人々もいるだろう。ここで重要なことは、公共空間においては相手に対する侵襲性が問題となるということである。「聞きたくなければ耳をふさいでいろ」こそ、正しくない罵りである。立場の弱い人々を侵襲から保護することが公共空間における正義である。

では、正しい罵り合いは公共空間では成立しないのだろうか。これまでの議論を踏まえるのであれば、成立しないということになるかもしれない。しかし、正しくないとはいい切れない罵り合いは存在しそうである。これはどういうことか。公共空間の公共性の度合いや規模などによって、ある罵り合いは条件付きで

---

2) 2016年に「本邦外出身者に対する不当な差別的言動の解消に向けた取組の推進に関する法律(ヘイトスピーチ解消法)」が施行されたが、あくまでも本邦外出身者が対象であり、他の属性や特性を有する個人や集団に対するヘイトスピーチは射程内に入っていない。

正しいといえるかもしれない。その条件とは、罵り合いが行われる公共空間のステークホルダー全員が自発的な参加者であるならば、である。街頭での罵り合いは、その行為者だけではなく、支持する者や反対する者、傍観者、そして、不幸にして悪い時に悪い場所に偶然居合わせてしまった通りすがりの善良な人々がいる。その最後のカテゴリーの人々を剥き出しの侵襲性を有する罵りから保護することが公共的な価値ではないだろうか。

別の公共空間ではどうだろうか。例えば、サイバー掲示板はどうだろうか。もしそこで罵り合いが行われているとすれば、参加者が自発的に関与し、罵り合いに同意していることを意味する。少なくとも、掲示板を閲覧するためにはサイバー空間へのアクセスが必要となる。勿論、間違ってページを開いてしまったという人が全くいなとはいい切れないが、少し注意をすれば避けられうることと考えられる。もっと言えば、サイバー掲示板への参加を課金制や会員にのみ限定することによって、上記のリスクをより低くすることができるだろう。そのような掲示板での罵り合いは正しい罵り合いといえるかもしれない。

しかし、ここで注意が必要である。もしサイバー掲示板という閉鎖空間で「正しい罵り合い」が成立したとしても、そこで罵り合いが行われているという事実や罵り合いの内容が外部に漏れることもあるかもしれない。その場合、外部から「その罵り合いは正しくない」という指摘や非難があることが想定される。とはいえ、その罵り合いの空間へのすべての参加者が合意ないし同意で参加している以上、少なくともその空間では「正しい罵り合い」が成立すると考えてよいだろう。

出版物での罵り合いもまた、第三者を一方的に罵るものでない限り、正しい罵り合いが成立するかもしれない。難しいのが新聞とテレビである。わが国の新聞の発行部数と、全国紙や地方紙が中学生でも読めるように書かれていることに鑑みるに、そこでの正しい罵り合いは成立しなさそうである。しかし、新聞という公共空間に参加するためには、「読む」という自発的な行為が介在する。このことをどのように考えるかによるが、サイバー掲示板に比べると、よりソフトな罵り合いが求められるだろう。テレビでは正しい罵り合いはありえなそうである。確かに、テレビを視聴するにはテレビの電源を入れるという点で、その空間への自発的な参加があるといえるかもしれない。しかし、テレビ自体が食堂や居酒屋といった別の公共空間に数多く存在すること、また未就学児や乳幼児を含む、罵り合いから保護されるべき人々が容易にアクセスできること、さらに、お茶の間で食卓を囲みながらの家族の夕食時にテレビが点けっぱなしで否応なく放送にさらされる人々がいることに鑑みるに、テレビという公共空間において正しい罵り合いは成立しないように思われる。

## 1.6 おわりに

本稿では、「ユニコーンモデル」を研究手法して援用し、「正しい罵り合い」についての分析を行った。「正しい罵り合い」は、罵り合いが行われる公共空間に参加する全てのステークホルダーが罵り合いに参加することについて積極的に関与し、参加についての合意または同意が存在する場合に成立しうる。しかし、そのような「正しい罵り合い」が現実の世界において成立するのは非常に限られた場合になる。サイバー掲示板では条件次第で「正しい罵り合い」が成立する可能性がありえるが、出版物、新聞、テレビでは成立しないように思われる。もちろん、「ソフトな」罵り合いであれば問題が少ないかもしれないが、そうなったらそれはもはや罵り合いではなくなるかもしれない。

# 第2章

# SNSの極化

―― 平昌五輪の韓国産いちご問題を事例としたTwitterにおける実証研究 ――

## 2.1 日本における韓国への感情

2019年度に実施された内閣府の実施した「外交に関する世論調査」[1]では、2018年度と2019年度の日韓関係を次のように示している。2019年度調査において、「良好だと思わない」は前年度の67.7%から65.7%と2ポイント微減した。「良好だと思う」は、前年の26.8%から30.4%と3.6ポイント微増した。韓国に対する親近感調査では「親しみを感じない」は前年度が59.7%であり、2019年度では58%と1.7ポイント微減している。「親しみを感じる」では前年度37.5%に対して2019年度は39.4%と1.9ポイント微増している。

日韓関係は2018年10月を契機に急激に悪化した。まず、10月10日から14日に開催された済州島国際観艦式では、韓国政府が自衛隊の旭日旗掲揚を認めないと通達し、防衛省は5日に参加を取りやめる旨を伝達した。10月30日には、韓国の大法院が新日本製鉄に対して損害賠償を支払うよう命じる判決を出した。この判決に対して日本政府は、日韓請求権協定（1965年）に則り、既に解決済みであると主張した。12月21日に日本政府は、前日20日に韓国軍船が自衛隊

1) 内閣府「外交に関する世論調査」（令和元年度）〔https://survey.gov-online.go.jp/r01/r01-gaiko/2-1.html（閲覧日2020年5月1日）〕

機に火器管制用レーダーを照射したとして抗議した。これについて、韓国政府はレーダー照射を否定し、自衛隊機の異常接近に対して抗議した。

これらのことから、平昌五輪の開催が日韓関係に与えた影響は微力であったと推察される。日韓対立の急激な冷え込みは、その後の日本政府による韓国のホワイトリスト削除やGSOMIA破棄問題などを経て、改善される見通しはない。2017年以前の日韓両国は、国際的なイベントや文化交流によって親近感や関係が良好であると感じていた。2017年以降の日韓関係は、スポーツイベントや文化交流を介しても改善されないことから、以前の関係とは全く質が異なると捉えることができる。平昌五輪はどのような点で異なっていたのか。それは極化現象に伴う韓国感情の対立が存在する。

本章の目的は、二つ存在する。一つは、平昌五輪期間中に発生した韓国産いちご問題を事例に、メディアの客観報道に基づいて、受け手の議論・対立（極化・分断）がどのように生じているかをダイアロジカルネットワーク分析によって明らかにすることである。そして、もう一つはメディア極化のメカニズムの再構築を試みることである。

## 2.2 極化現象モデルとネットレベルの極化

新聞やテレビは客観報道を行っているのか。それとも、マスメディアを中心に、極化現象が生じているのか。2017年の日韓報道の分析では、悪化する日韓関係に関して新聞による極化現象が見られなかったこと。週刊誌の報道は、一部で極化する傾向があったことが明らかとなっている[茨木. 2018: 107-111]。

図2.1は、政府・情報源が韓国に関する情報を提示し、マスメディアの情報を報道によって、インターネットやSNSが極化するというメカニズムを図示したものである。新聞報道は客観的、中立的な報道を行なっており、受け手に対して、日韓関係の情報を提供している。そして受け手はインターネットやSNSを通じて、この客観報道の中で提示された情報を元に極化、議論、対立するのである。その極化、議論がマスメディアや政府へと伝達され、極化した情報に基づい

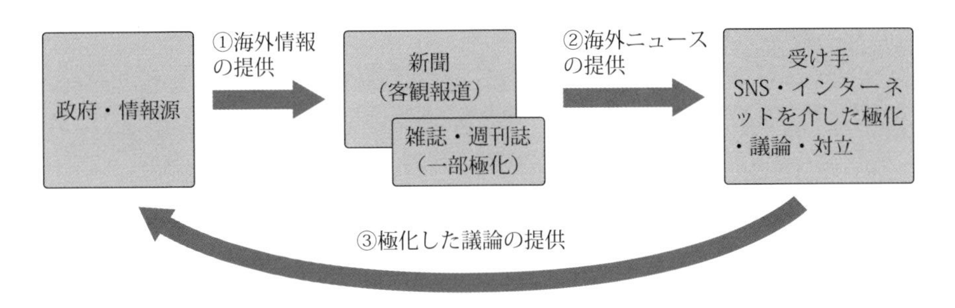


**図 2.1**　極化過程モデル（上村・塚本編 . 2018 に基づいて作成）

た発表や報道が行われる。

極化する受け手とは、インターネットにおけるユーザーの投稿が挙げられる。しかし、インターネットでは極化現象がどのようにして生じるのか、なぜ新聞が客観報道を行っているにも関わらず、受け手は極化するのかなどに関しては語られてこなかった。

実際に、SNS では極化現象が生じているのだろうか。例えば SNS は、議題設定機能を有するツールとなっている。2016 年の大統領選挙以後、トランプ大統領の Twitter でのつぶやきは、そのまま議題となって国内の世論を分断、あるいは政策を促進させる効果を持つ[前嶋. 2017: 36-37]。北朝鮮やイランの核問題、対中国貿易をめぐるトランプ大統領のつぶやきは、保守派とリベラル派の外交方針の対立を煽る結果となっている可能性がある[2)]。SNS は議題設定機能を持つと同時に、極化、議論、対立を煽る装置となっている。Twitter によって設定された議題は、テレビや新聞によって報道され、さらに極化が進展するのである。

2)　ピューリサーチセンターが 2018 年に実施した党派性に基づく他国への認識調査では、共和党支持者がトランプ大統領の対露政策を支持しており、対北政策にも理解を示した。しかし、中国、カナダ、イランに対しては否定的な感情を表した[Pew Research Center. 2018]。民主党支持者は中国、カナダ、イランとの関係に肯定的な評価を行う一方で、大統領の対露政策や対北朝鮮政策に否定的な評価を行った。トランプ大統領の Twitter によるインターネット上の極化、議論、対立は、党派性と直結し、確実に国論を二分化している。

## 2.3 極化現象と「共鳴室」現象

極化とは、何を意味するのだろうか。

日本ではネット右翼やオンライン排外主義的なユーザーが、マスメディアや一部の野党を反日勢力とみなし攻撃する[金. 2017: 55-57, 永吉. 2019: 17-19]。ネット右翼はマスメディアや野党などの政治的なアクターが偏向的であると認識する。他方ではネット右翼や排外主義者に対して嫌悪感を抱き、中国や韓国を擁護する勢力も存在するだろう。こうした異なる意見を持つ集団間の対立が極化である。極化とはある一定の立場を表明する集団が二つ以上存在し、それぞれが独自の議論に基づいて他の集団と対立することを意味する。

インターネットにおける極化現象は、2000年代以降、議論されるようになった。近年では、「共鳴室」現象（echo-chamber）現象が注目を集めている仮説である[Sunstein. 2001=2003: 80]。サスティーンは、インターネットの発達によって情報通信の過剰化が進行し、複雑かつ多様な選択、話題、意見がこれまで受け手とされていた側から発信されるようになったと指摘した。そしてこの過剰を解消するために、人々は自分と近い価値観や趣味を持つ他者の情報のみを選択するという効率的な情報探索の方法を確立した[Sunstein. 2001: 72]。インターネットにおける情報収集は、同じ意見や主義主張を持つ者同士を繋げやすいという特徴を持ち、「集団分極化（group polarization）」[3]を引き起こしやすくなる[Sunstein. 2001: 80]。

サスティーンは、このインターネットがもたらす極化現象を「サイバーカスケード（cyber cascade）」と表現した[Sunstein. 2001: 95]。サスティーン（2001）によれば、サイバーカスケードとはインターネットにおいて自分と類似した意見を持つ人間のみと交流し、異質な意見は排除され、結果的にユーザーが極端な意見

3) 集団分極化とは「グループで議論をすれば、メンバーはもともとの方向の延長線上にある極端な立場へとシフトする可能性が大きい。インターネットや新しい情報通信テクノロジーに照らし合わせてみれば、同じような考え方の人間が集まって議論をすれば、前から考えていたことをもっと過激なかたちで考えるようになる」ことである[Sunstein. 2001: 80-81]。すなわち、極端化した意見や考え方を持つユーザー同士が集まることで偏った情報や議論を共有する集団が形成される現象を集団分極化という。

へと滝のように流される（cascade）ことを意味する。

加えて、サスティーンは著書『#リパブリック』の中で、Twitter や Facebook などは人々の情報の取捨選択に大いに貢献していることを指摘した[Sunstein. 2017=2018: 7-8]。SNS の発達により、ハッシュタグや人工知能を用いたアルゴリズムの向上によってユーザー好みの情報が瞬時に表示されるようになり、インターネットは効率的な情報収集機能を有するようになった。イーライ・パリサーはこの情報検索の効率化を「フィルターバブル（filter-bubble）」と名づけ、サスティーン自身も著書において「フィルタリング（filtering）」という用語を用いて説明している[Pariser. 2011=2016, Sunstein. 2017=2018: 36-39]。パリサーはインターネットが「他人の視点から物事を見られなければ民主主義は成立しないというのに、我々は泡（バブル）に囲まれ、自分の周囲しか見えなくなりつつある」[Pariser. 2011=2016: 17-18]という。情報の取捨選択により、ユーザーは偏った意見を持ち続け、異なる意見とは接触しなくなる。

例えば、SNS を利用していると、我々は「おすすめのユーザー」が表示されることがある。もし、そのユーザーが保守系の人間であれば、おすすめとして表示されるのは、同じ意見を持った保守系のユーザーである。タイムラインには、自分の趣味に関する記事と保守的な発言が溢れる。そこには、リベラル派の発言がまったくないため、そのユーザーのインターネット空間には、偏りが見られるのである。フィルターバブルとは、自分が見たい情報によってユーザーを泡のように包み込むことで自分の価値観を補強する機能のことをいう。

田中は、SNS で生じるフィルターバブルやエコーチャンバーが発生することには技術決定論と能動的なユーザーの存在が原因であると指摘している[田中. 2020: 29]。フィルターバブルによるアルゴリズムが分極化を規定しており、ユーザーの選好や親和性の高い情報のみを検索可能にする。そして同質な人々同士の交流が促進され、その集団内部でのみ、特定の見方だけをするエコーチャンバーの空間が発生し、自分の意見を強化するのである。このアルゴリズムは経済を優先し、多くの人間に収益をもたらすように設計されているが、それと同時に社会分断を強化する機能を有するようになった[田中. 2020: 19-20]。すなわち、現代型の党派性やイデオロギーの対立[4]、ユーザーの選択的接触は最新のメディア技術によって決定される。そしてユーザーの選択的接触が存在するということは、極化はユーザーそれぞれが持つ能動性によって生じている。

このことから、サイバーカスケードの過程には、フィルタリングによる同質性のある情報の収集と、それに伴って生じるエコーチャンバーによってより結束力の高い極化した集団が形成されるという二つの段階が存在するといえ、それらは最新のメディア技術によってより生じやすくなる。サイバーカスケードは、フィルタリングによって自分の意見、価値観と同質の情報を効率的に探索できる。その結果、異質な意見や議論が排除され、一つの極化した集団が形成される。サイバーカスケードでは、異質な意見を持つユーザーも存在するが、やがて大勢の意見に従うよう極化集団に組み込まれるか、あるいは離脱し、別の集団へと帰属する。そして、エコーチャンバーによって自分と同様の意見を持つユーザーのみで構成された、より結束力のある極化集団が形成され、反対意見を持つ集団間とのコミュニケーションは完全に断絶される。

このエコーチャンバーが顕著に現れた事例は多く存在する。例えば、Piersonによれば、2014年アメリカ・ミズーリ州で発生した警察官による黒人少年射殺問題は、インターネットにおいて集団分極化[5]を発生させ、それぞれが偏った情報を共有し、異なる見解を示したと指摘した[Pierson. 2014]。

日本では、Tsubokuraらが2011年の3月11日から半年間の福島第一原子力発電所事故における「放射線」に関わる2500万件のTweetを分析し、エコ

4) 本稿におけるイデオロギーとは、保守と革新がそれぞれ保守政党である自民党や維新の会、最大野党である民主党系の政党あるいは共産党や社民党に位置し、個々の有権者の持つ保革イデオロギーの自己位置の認識と党派とが関連し、支持、投票、政策評価などに影響を与える政党的なイデオロギーを意味する[蒲島・竹中. 1996: 298-302, 蒲島・竹中. 2012: 230, 白崎. 2016: 104-105]。

5) Piersonによれば、ネット上の分極化は「ブルーツイート（blue tweeters）」と「レッドツイート（red tweeters）」に分かれると指摘した。前者のグループに属するのは自身を「リベラル」と表現するユーザーであり、警察官を批判した。後者のグループに所属していたのは自身を「保守的」と表現するユーザーであり、警官を擁護し、黒人少年は武装していたとして自業自得であるとして射殺を正当化した。Piersonは「ブルーツイート」の規模が「レッドツイート」よりも大きいため、さらに複数のグループに分割されていると指摘した。

ーチャンバーの実態を明らかにした[Tsubokura et al. 2018]。そしてこれらのTweetのうちおよそ半数が少数の「インフルエンサー」の発言をリツイートしたものであった[6)]。そしてこの「インフルエンサー」は複数のクラスターを形成し、さらに三つのグループに大別されることが明らかとなった[7)]。

この分析から、マスメディアや政府関係者などのアカウントは「放射線」に関する科学的な情報拡散に強い効果を持っていなかったこと。感情的な書き込みが多かったグループは何らかの事実に基づく情報も発信していたが、それ以上に感情的な内容がTwitterを通じて広く伝達されていたこと。情報は同じグループ内で繰り返しリツイートされたため、異なるグループ間での情報交換は比較的少ないことが明らかになった。三つの極化集団の間では情報の共有が行われておらず、個々の集団内で共有された情報に基づいて「放射線」に関する議論が行われていた。

このことから極化集団とは、一つの集団が複数の小集団に分裂したのではなく、フィルタリングによって、ある特定の意見を持つユーザーの集まりが形成され、エコーチャンバーによって、一つの集団として結束した集団を意味する。その集団内では類似した一つの意見、立場が共有され、一切の反論が排除された状態である。

6) Tsubokuraらによれば、「インフルエンサー」は「放射線」をキーワードとし、頻繁にRTを受け取った上位2%（上位100位）のアカウントとして定義されている[Tsubokura et al. 2018]。

7) 一つ目の極化集団は「事実に基づいて放射線の影響を合理的に説明する」グループであり、実名アカウントが最も多い集団であった。二つ目の極化集団はビジネスマン、ジャーナリスト、政治家、学者であり、感情的で政府と東京電力への批判を行った集団であった。最後の極化集団は、通信社7社のアカウントとジャーナリスト個人のアカウント1つで構成されており、マスメディアに関連する集団であった[Tsubokura et al. 2018]。

## 2.4 エコーチャンバーと選択的接触

1960年代から1970年代にかけて、テレビの普及と1990年代から2000年代にかけてのインターネットやSNSの普及によって、マス・コミュニケーションの状況は時代ごとに大きな変化を迎えた。1970年代には議題設定機能や沈黙の螺旋理論、フレーミング効果などの新効果論は認知革命をもたらした。これまでは人間の態度や行動に対してマスメディアはどのような影響を及ぼすのかが議論され、認知革命後は人間が「何」についてを「どのように」考えるのかが研究の対象となった。

「選択的接触（selective exposure）」とは、人間が先有傾向に則った情報接触を行い、受け入れることができない情報に関しては回避しようとする態度、行動のことを意味し、マスメディア限定効果論の根幹となっていた[Klapper. 1960]。選択的接触は、Lazarsfeldら（1944=1987）の実施したエリー調査によって、党派性を持つ有権者がそれぞれ支持している政党の情報のみに偏って接触していたことが明らかとなった。Lazarsfeldによって、マスメディアは何らかの特定の問題が生じた際に、人間の問題に対する態度を補強する効果を持つことが明らかとなった。しかし、1970年代の認知革命によって効果論が提示されたこともあり、選択的接触の実証研究は2000年代に入るまで停滞した。

インターネットの普及により、ユーザーの先有傾向が何らかの情報への選択的接触につながる可能性が提示された[Sunstein. 2001]。例えば、排外主義的な意見を好むという先有傾向をもつインターネットユーザーは、フィルタリングとエコーチャンバーによってより排外主義的な情報に接触し、態度を強化する傾向にある[辻・北村. 2018: 100]。選択的接触に関する研究は2000年代以降、インターネットを中心に行われるようになった[Stroud. 2010, 小林・稲増. 2011]。こうした選択的接触研究の再考は、田中（2020）の指摘するような技術決定論的なメディア技術の発達とそれに伴うユーザーの情報収集、探索行為の変化が要因であるといえる。加えて「選択的接触」の要因は「同質性（homogeneity, homophily）」を求める心理作用が働くからであるという指摘も存在する[Colleoni,Rozza,and Arvidsson. 2014]。この同質性の心理作用はエコーチャンバーによって、より結束力の強化された同質集団を形成する。

Prior によれば、テレビニュースによって政治知識を身に付けることは、メディア環境に依存すると指摘している[Prior. 2007]。テレビが主要メディアとなっていた時代において、受け手はテレビそのものが娯楽であると考えていた。当時のニュースは、受け手にとって娯楽であり、政治知識を得られる情報源であった。

しかし、ケーブルテレビやインターネットの時代になり、娯楽志向の強い受け手は娯楽番組に接触するようになった。そのため、娯楽番組を好む受け手は、ニュースに関心が低く、政治知識を得る機会が減少した。一方で党派性や政党的イデオロギーを持つ受け手はニュースに接触した。Prior によれば、受け手の中では娯楽か、ニュースかという選択的接触が生じている。Prior はこうしたメディア環境の変化に伴う人々の選択的接触の変化が、偏った知識の獲得に繋がり、極化の要因であると説明した[Prior. 2007]。

Prior は、党派的なメディアが有権者の極化に作用するのではなく、党派的メディアの存在は極化現象の一つの過程に過ぎないと指摘している[Prior. 2013: 119-120]。個人の選択的接触は、主に自己の態度に一貫性のない情報を排除するための効率的な情報処理を行うためであり、それが結果的に極化を発生させるのである[Prior. 2013: 120]。

日本では、Twitter を利用することで、ニュースを求める人間が娯楽志向の人間よりも政治知識を多く獲得しようとする傾向がある[稲増・三浦. 2016]。この傾向は、Twitter のフォロー・フォロワー間がニュースに関心を持つ人間同士によって結びつくことで政治知識が身につくようになることを示していた[稲増・三浦. 2016: 180]。一方で娯楽志向を持つ人間同士は、政治知識が身につかず、自分のニーズに沿った情報のみがパーソナライゼーションされていることを意味している[Beam. 2014: 1035-1036]。SNS における議論は、政治的な関心や党派性などの先有傾向を持っている人間のみが行ない、異質な情報はフィルタリングや選択的接触によって排除される。そして、エコーチャンバーによって結束力が高い集団が形成されるため、極化が進行する。一方で娯楽志向を持つユーザーは政治的な議論の外に置かれるのである。

また、エコーチャンバーが起こる原因は、その議論の内容が政治性を持つのかという問題もある。Barbera ら（2015）は、アメリカ人の Twitter ユーザー380 万人を対象としたツイートのデータを用いて、12 個の異なる政治的・非政治的問題を抽出した。そしてエコーチャンバーと「全国的な議論（national conversation）」[8] の二つのパターンを明らかにした[Barbera et al. 2015]。その結果、エコーチャンバーが見られたのは、2012 年の大統領選挙や 2013 年の米政府公共機関の閉鎖であり、政治的に同質性を持つユーザー間でコミュニケーションが行われていた。一方で、2014 年のスーパーボウルやアカデミー賞授賞式、冬季オリンピック、2013 年のボストンマラソン爆破事件は、異なる意見を持つユーザー同士が互いに議論を交わしていたことから、情報の取捨選択や結束力の高い集団は確認できず、全国的な議論が発生していたと指摘した。すなわち、エコーチャンバーは極めて政治性を帯びる場合に生じることが明らかとなった。

以上のことから、インターネットにおける極化現象（サイバーカスケード）は、フィルタリングやエコーチャンバーによって強化される。極化は人々の党派性や政党的イデオロギー、あるいは何らかの興味、関心などで構成された先有傾向によって行われる情報の選択的接触の結果である。フィルタリングやエコーチャンバーによって、異なる意見との接触は減少し、同質的な意見と接触する機会が増大し、人々をより極端な意見へと向かわせる。もし、政府や情報源の何らかの発表が行われ、新聞が客観的な報道を行っていたとしても、SNS のユーザーは先有傾向とそれに伴う選択的接触によって極化している可能性がある。

例えば、黒人少年射殺問題では、最初に警察の射殺行為と事件詳細の発表、目撃者が情報源としての役割を果たすことでメディアに取り上げられた。事件は SNS で拡散され、それに伴ってアフリカ系アメリカ人によるデモが発生した。司法機関は、警官の不起訴を決定し、メディアがそれを報道することでさらに保守派とリベラル派の対立が進展したのである。警察官が無防備なアフリカ系アメリカ人を射殺したという事件が発生し、メディアに報じられることで SNS 上では議論が拡散され、エコーチャンバーが発生した。この事件によって生じた極化

8) 「全国的な議論」とは、エコーチャンバーのような閉鎖的な集団内部でのコミュニケーションではなく、異なる政治的な意見を持つ人間同士が互いに非政治的なコミュニケーションを行うことを意味する。スポーツ試合やテレビ、映画の話題などがこれに該当する。

現象は、オバマ大統領がアメリカ全体の問題であると示唆し、デモに理解を示した。極化したSNSユーザーたちの議論は、デモにまで発展し、政府や大統領が解決を促す会見を行うまでに至った。このことから、SNS上での極化がマスメディアの報道や政府の情報に影響を与えている可能性がある。すなわち、SNS→メディア→政府という過程が存在する可能性があるのではないか、というリサーチクエスチョンが立てられる。

## 2.5 メディア極化メカニズムの再構築

受け手は、メディアの客観報道に接したあと、SNS上で極化している。そして、その極化の中で生じた議論が、マスメディアや政府へと伝達され、極化を煽る構造が存在するのではないか。ネットメディアにおける極化現象は検証されておらず、実際にネット上ではどのような極化、分断が生じているかは明らかではない。本章では「ネットにおける極化」に焦点をあて、以下の図2.2のようなメディア極化メカニズムの再構築を試みる。

ある政治的な議論や対立が生じた場合、その対立の土台となるのは党派性や政党的イデオロギーである。Priorはそうした党派的な有権者は割合として少ないと指摘し、さらにニュースに関心のある有権者しか、この議論における選択的接触を行わないとしている[Prior. 2007; 2013]。すなわち、選択的接触が情報のフィルタリングとエコーチャンバーを発生させ、ニュース志向と娯楽志向の極化集団を形成する。

そして政治的な議論を行うニュース志向の集団は解決が必要な「特定の事実・問題」に直面しており、それは歴史的、社会的な課題である。図2.2における「特定の事実・問題」とは、過去あるいは現在、未来において事実として認識、共有されている議論、対立の内容を意味する。その議論や対立の内容は、先有傾向が活性化する話題に限定される。

例えばアメリカの黒人少年射殺事件では、黒人差別の問題や白人と黒人の人種間対立という「特定の事実・問題」が存在し、それが白人警官による黒人少年射

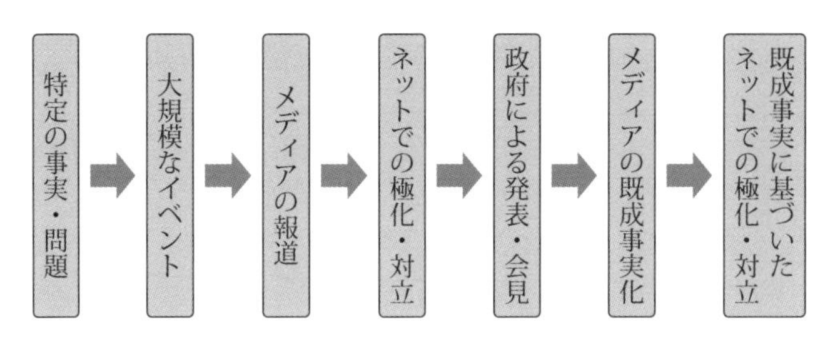


**図 2.2**　平昌五輪における「韓国産いちご問題」の議論過程

殺というイベント情報がメディアによって明らかにされた。この出来事によって、アメリカ社会における差別と反差別、党派性などの先有傾向が活性化し、事件に関連する情報や意見に選択的接触が生じた。そしてネットユーザー間で次第に極化したのである。日本では福島原子力発電所のメルトダウンが、自民党と民主党という党派的な先有傾向が、メルトダウンや東日本大震災という大規模なイベントを契機に活性化し、SNS のユーザーが極化した。

いずれも Barbera ら（2015）の指摘する政治性を帯びたエコーチャンバーが発生し、特定の事実や問題が極化集団の間で共有された。娯楽志向を持つユーザーの場合、人種間対立に関する議論や政権交代に関する議論は関心や話題から除外される。平昌五輪は、オリンピックという特性上、非政治的な全国的な議論を喚起するイベントであることから、娯楽志向のユーザーの関心を集めやすい。

しかし、平昌五輪期間中に生じた韓国産いちご問題は、日韓の歴史問題や種苗法整備などの「特定の事実・問題」を顕在化させた。戦後の日韓関係は、歴史問題を基軸とした対立を繰り返してきた。このことから、スポーツイベントという非政治的な話題は、エコーチャンバーに基づいた極化集団間の政治的対立へと転じさせた可能性が高い。そして、ニュースと娯楽の先有傾向が活性化され、それぞれの選択的接触が生じた。韓国産いちご問題では、娯楽としての韓国コンテンツと政治的な韓国コンテンツという二つの「特定の事実・問題」が同時に議論されていた。これは Barbera ら（2015）が提示した政治性と非政治性の二つの議論の分類と矛盾する一方で、ある示唆を提示している。それは全国的な議論がエコーチャンバーへと移行する可能性が存在することであり、非政治的な議論も何らかのイベントを契機に政治的な議論へと発展するということである。すなわち、エコーチャンバーはどのような議論でも起こる可能性がある。

「韓国産いちご問題」の「特定の事実・問題」は歴史問題の他に、日本の農作物の種子流出の問題が背景として存在した。

2018年平昌五輪より前の韓国産いちご問題に関する報道は、2002年7月18日に福岡県が発足させた「農産物知的財産戦略研究会」から始まる[9]。この時期、韓国を含めた海外の農場で、日本の種子を用いた模倣栽培された農作物が日本に逆輸入されたことが指摘された[10]。しかし、その後も流出した種子に関する問題は進展しなかった。

そして、2018年の2月26日にこの問題は再び報道されたのである。

2018年の韓国産いちご問題は、日本カーリング女子代表選手たちが試合のハーフタイムにおける作戦会議と栄養補給している姿を「おやつタイム」、「もぐもぐタイム」と称してテレビ放映されたことが発端である。この騒動は、カーリング代表選手がメダル獲得後の記者会見の中で「韓国のいちごはおいしい」と発言したことで、SNSユーザーから知的財産権の侵害や対韓感情に火が付いた。

国産種子に関連する問題は、種苗法（種子法）改正議論や種子の知的財産権問題と密接につながっているが、これらの問題は2000年代からすでに議論が行われており、2017年6月20日の山本有二農林水産大臣の定例記者会見の中でも取り上げられていた[11]。種苗法に関連する反中・反韓感情という「特定の事実・問題」は2000年代から既にネットユーザーたちの間で共有されており、平昌五輪やカーリング女子選手の記者会見という「大規模なイベント」によって先有傾向が活性化され、反韓感情が爆発したと推察できる。

そして記者会見の内容に関する「メディア報道」が行われた。朝日新聞では以

9) 『朝日新聞』2002年7月19日朝刊を参照。

10) 東京版の朝刊だけでも、朝日新聞2003年3月3日朝刊、朝日新聞2003年11月15日朝刊、朝日新聞2004年3月24日朝刊、読売新聞2002年7月24日朝刊、読売新聞2002年12月10日朝刊、読売新聞2006年2月12日朝刊、読売新聞2007年2月6日夕刊、読売新聞2017年12月18日朝刊などを参照。

11) 2017年6月20日における農林水産大臣による定例記者会見の概要〔https://www.maff.go.jp/j/press-conf/170620.html（閲覧日2020年5月2日)〕

下のような記事があった[12)]。

> 長くチームを指導してきた小野寺コーチ…ハーフタイムの栄養補給、通称"もぐもぐタイム"の買い出しも担当しており、大粒のイチゴは選手村近くのスーパーで見つけた。（朝日新聞、2018年2月24日夕刊）

> LS北見は3位決定戦で…戦いぶりとともに注目されたのはハーフタイムの栄養補給、通称"もぐもぐタイム"。鈴木夕湖（ゆうみ）（26）は"韓国のイチゴはびっくりするぐらいおいしくてお気に入りでした」と笑顔で話した"（朝日新聞、2018年2月26日朝刊）

読売新聞は韓国産いちご問題を取り上げず、2000年代から既に報道を行っていた朝日新聞が記者会見の中でいちごに触れた。その後の3月3日朝日新聞の朝刊では、「日本の品種保護、農水省「対策が必要」、海外での登録拡大訴える　カーリングで注目、韓国イチゴ」という見出しの記事で、韓国産のイチゴが日本から流出した品種の交配種であることを指摘する斎藤健農水相の発言が取り上げられた。

わずか1週間の間に、韓国産のイチゴの取り上げられ方が大きく変化していたわけだが、これは過去の韓国イチゴに関する朝日新聞の報道と比較しても特徴的なものであった。

2018年3月2日に行われた齋藤農林水産大臣の定例記者会見において平昌五

12)　2018年の2月9日から3月31日までの朝日・毎日・読売新聞の各紙をそれぞれ聞蔵Ⅱ・毎索・ヨミダス歴史館の記事検索データベースにおいて「韓国」・「いちご」をキーワードとしたAND検索を行った。結果として朝日新聞は7件、読売新聞は1件、毎日新聞は3件の該当記事が存在した。しかし、韓国産いちご問題に関して言及したのは朝日新聞の3件、毎日新聞1件の記事であり、そのうち3月2日の農水相記者会見について韓国産いちご問題と連結して報道したのは朝日新聞の1件のみであった。毎日新聞は26日のカーリング選手の記者会見を1件、そのほかのカーリング選手の試合中のもぐもぐタイムの様子についての記事が2件あり、韓国産いちご問題と関連して取り上げられたのは記者会見を報道した記事1件のみであった。

輪での「韓国産いちご」に関する話題は次のようにして行われている[13]。

記者「二点あるんですけれども、一つ、食味ランキングでですね、魚沼産のコシヒカリが特Aでなくなったことに対しての受け止めを伺いたいと思います。もう一つですかね、韓国のイチゴに関してなんですけれども、カーリングの女子の選手がですね、あの話って結構、知的財産の保護といいますか、流出防止というのが非常に重要だと思うんで、その辺りの受け止め等お聞かせください」

齋藤大臣「……（略）…… それから韓国の例のカーリングのイチゴの話ですけど、まず、銅メダルとにかくおめでとうございますということと、選手の一人の方がですね、韓国のイチゴはおいしいと発言されて随分それがキャリーされたわけでありますけど、日本のですね、農林水産大臣といたしましては、女子カーリングの選手の皆様にはですね、日本のおいしいイチゴをですね、是非食べていただきたいなというふうに思います。今回の御発言と切り離してですね、お話をしますと、一般論ですけれども、韓国で生産されているイチゴは、以前に日本から流出した品種を基にですね、韓国で交配されたものが主であるというふうに承知をしておりますので、むしろですね、我が国の優良品種の種苗の海外流出という問題に直面をするわけであります。なので、海外での知的財産権を確保してですね、仮に流出が発見された場合に、栽培や販売の差し止め請求等を行なうことができるようにするということが重要であるというふうに考えておりますので、農林省としては、こういう重要な品種について海外で植物品種の育成者権等を取得するということが大事なので、それを支援するためにですね、29年度の補正予算においても、この植物品種等の海外流出防止対策を行うとともに、30年度予算においても同対策費を計上してるところであります

13) 2018年3月2日における農林水産大臣による定例記者会見の概要〔https://www.maff.go.jp/j/press-conf/180302.html（閲覧日 2020年5月2日）〕

ので、これらの対策通じてですね、この韓国のイチゴの話もありますので、しっかりと対策を講じていくことの必要性を改めて認識をしたということであります」

この日、定例会見は 10 分程度進行し、その前にほかの記者から「シラスウナギの稚魚の採捕量対策」、「熊本県川辺川の利水事業に関して」、そして「魚沼産コシヒカリの食味ランキングが特 A でなくなったこと」という三点に続いて、「韓国産いちご問題」が質問された。この農林水産大臣記者会見における記者の質問は「政府による発表・会見」を引き出した。

すなわち、図 2.1 のように政府→マスメディア→受け手という過程を踏んだ上での極化ではなく、図 2.2 のように、「特定の事実・問題（種子の流出問題）」が「冬季五輪というイベント」の中で「メディア報道」によって露出したことで、「SNS 上で極化・議論」が巻き起こったといえる。そして、このような議論を受けて「政府は記者会見の中で発言」し、それを「メディアの既成事実化」が行われることで、さらなる「SNS 上での極化・議論」を巻き起こしたと考えられる。

## 2.6 韓国産いちご問題の解明 ──ダイアロジカルネットワーク分析を用いて

平昌五輪の中で生じた韓国のいちご騒動は、日本のいちごが韓国へと不正に持ち込まれたものであるという問題を前提に、2018 年 2 月 25 日、カーリング選手が銅メダル獲得の記者会見の中で、「韓国のいちご美味しかった」と発言したことが発端である。その後、韓国産いちごをキーワードとした炎上が Twitter を通じて生じた。

本研究は 2018 年 2 月 9 日から 3 月 30 日までの「韓国」・「いちご」の and 検索によって抽出された Twitter の投稿 2551 件を分析対象としている。この Twitter の投稿の中でも、とりわけ「インフルエンサー」の投稿を分析対象とする。この「インフルエンサー」とは、「韓国」・「いちご」をキーワードとした投稿の中で、頻繁に RT（リツイート）を受け取った上位 2%の投稿として定義される。該当する投稿は51件である。

本研究は、SNS →メディア→政府というプロセスを解明するために以下のことを検証する。SNS上では極化現象が発生していたのかを明らかにするため、韓国いちご問題における専門家、政治家、評論家、ジャーナリスト、タレント、マスメディアなどの「インフルエンサー」が極化現象を生じさせていたのかを検証する。SNS上における極化とは、集団分極化のことであると操作的に定義する。

言説分析（discourse analysis）には、ダイアロジカルネットワークの概念を使用する。ダイアロジカルネットワークの概念は、「メディアにおける会話のテクスト内特性を強調する。」というものであり、ここでは、actor P → Q → Rのような、見かけ上の意味的な繋がりである「順序構造」の因果関係を持つ、対話的コミュニケーションのことを指す[Leuder, I. and Nekvapil, J., 2004]。

本来のダイアロジカルネットワーク分析は、例えば、1つの新聞記事の中で、「事件Xが発生→Sさんに聞きました→それに対して、Tさんの意見は→専門家Uさんの意見は……」というように、簡単にいえば、言説の流れの関係性から浮かび上がるネットワークを分析するものである。すなわち、例で示した流れでは、actorのSさんとTさんと専門家Uさんは、互いの主張を聞いた上で意見を述べているわけではない。あくまで編集者が繋ぎ合わせたものである。

今回の分析では、SNSにテレビ・新聞・雑誌のような編集者や脚本家は存在しないため、ダイアロジカルネットワーク分析を応用した形となる。言説が繋ぎ合わさることで生み出されたダイアロジカルネットワークを言説分析により検証する。すなわち、SNS上で展開される見かけ上の言説の流れはどのようなものかを分析する。また、メディアを横断的にとらえ、SNSの言説から逆算して、掲示板、新聞、テレビなど、複数のメディア間のダイアロジカルネットワークを考察する。

理論仮説を確認すると、「平昌五輪における新聞報道は客観的な日韓関係報道を行なったことで受け手が極化したのではない可能性がある。一方で既に対立や極化の議論が前提となって受け手によって行われ、それらの議論がマスメディアや政府へと伝達されるのである。」というものである。対立や極化の議論が前提となるSNS上での議論があること、そして、その議論がマスメディアや政府へと伝達されたという見かけ上の言説、すなわち、ダイアロジカルネットワークを検証する。

## 2.7 Twitter上の韓国産いちご問題に関する極化

### 〔1〕抽出されたインフルエンサーの概要

まず、分析対象となるTwitter上の「インフルエンサー」の基本情報に関して記述する。2551件中、「インフルエンサー」のアカウントは40個存在した。そのうち本名をアカウント名にしていたのは9個、ハンドルネームは21個、そして公式名（例えば新聞社、ゆるきゃら、通販サイト等）は10個存在した。

「インフルエンサー」の中では、自由民主党所属の元北海道議会議員、「小野寺まさる」のRT数が2146件と最も多かった。2番目にRT数が多かったのは、元「日本のこころ」、「次世代の党」などの保守政党出身の中野区議（現職）の「吉田康一郎」の2109件であった。3番目にRT数が多かったのは、ハンドルネームを用いた「ユーザーA」の1008件であった。この「ユーザーA」は51件の投稿の中で、6件のツイートを投稿しており、ツイート回数は最も多かった。4番目にRT数が多かったのは「ユーザーB」の811件であり、政治性を帯びていない韓国のいちごショートケーキの紹介をしているツイートであった。

また、本名を用いた「インフルエンサー」のアカウントにおける職業の内訳は、上位2人が地方政治家であり、その次に作家・評論家の「西村幸祐」、職業不詳の「ユーザーC」、日本舞踊家である「ユーザーD」、漫画家の「弓月光」、アイドルの「関根ささら」、ITジャーナリストの「ユーザーE」、アイドルグループNMB48の「川上千尋」がいた。このうち、韓国産いちご問題に関する投稿を行っていたのは小野寺まさる、吉田康一郎、西村幸祐、「ユーザーC」、弓月光、「ユーザーE」の6アカウントのみである。他の3アカウントは、韓国食品や旅行に関する投稿であった。

「インフルエンサー」の中で、本名が不明であるが職業が判明しているハンドルネームのアカウントは、21 個中、6 個であった。ハンドルネームを用いている「インフルエンサー」のアカウントのうち、投稿数が最も多い「ユーザー A」は、元日韓ベンチャー企業の創設者である。投稿内容は韓国産いちご問題における韓国側の対応への批判であった。その他、ブロガーとして活動する「ユーザー F」、Youtuber として活動する「ユーザー G」、韓国情報サイトを運営する「ユーザー H」、韓国料理研究家の「ユーザー I」、芸能事務所代表の「ユーザー J」がハンドルネームを用いていた。

フォロワー数が最も多い「インフルエンサー」のアカウントは、約 47 万 5000 人にフォローされている、スイーツ紹介アカウントと称する「ユーザー B」であった。その次にフォロワー数が多かったアカウントは Youtuber の「ユーザー G」であり、約 46 万 4000 人にフォローされていた。以下、作家・評論家の「西村幸祐」（約 18 万 9000 人）、NMB48 の「川上千尋」（15 万 4000 人）、韓国音楽・ビューティー製品に関するイベント主催のアカウントである「KCON Japan」のアカウント（14 万 7000 人）と続く。これらのアカウントのうち、韓国産イチゴ問題を取り上げていたのは「西村幸祐」だけであった。

RT 数の上位 2 つのアカウントのフォロワーは小野寺まさるが 7 万 1000 人、吉田康一郎が 5 万 1000 人であった。5 万人以上にフォローされていたアカウントは、政治家 2 人のアカウントのほかには、韓国情報サイト manimani の管理人である「ユーザー K」（7 万 5000 人）、富山県の情報サイト「とやまっぷ.com」の公式アカウント「とやまくん」（5 万 8000 人）、韓国トレンド情報サイトの公式アカウント「Bebe」（5 万 1000 人）が見られた。

そのうち、韓国産いちご問題について取り上げていたアカウントは、政治家 2 人と「とやまくん」のみであった。まとめると、フォロワー 5 万人以上のアカウントは 10 個存在し、そのうち韓国産いちご問題に関して投稿していたのは 4 個のアカウントであった。

### 〔2〕日常的な共鳴空間

分析対象をツイートの日時順に並べたところ、1 件目は、2 月 9 日、「いちご

スイーツを韓国カフェで満喫|おすすめの韓国人気カフェ｜韓国旅行『コネスト』」の宣伝ツイートであった。続いて、「原宿駅前にある韓国のピンスカフェ『ソルビン』久しぶりに来ました。生イチゴソルビン。苺の香り溢れミルクパウダーカキ氷とナイスコラボ。今日は、少し暖かいからピンス、おすすめ。店内は、ずっと KPOP が流れてます……はぁ。幸せ。笑 至福の時」とのツイートがされている。その他、「実家に韓国のいちごのビスケットみたいなお菓子送ったんやけど感想聞いたら『普通に美味しかった』と w あの量であの値段を伝えらたらもっと買えば良かったのにと文句言われました (」や、「韓国いきてぇ 苺たべてぇ」とのツイートが見られた。2 月 15 日には「韓国の苺は　甘くて柔らかくて　本当に美味しかった　マンションの近くにある果物屋さんで買って　毎日食べました　食べたいなぁ　韓国の苺」と、韓国のイチゴであることを前提に話を進めている。このツイートには RT 数が 2 件、「いいね」が 4 件ついていた。

このように、2 月 9 日からしばらくの間は、韓国のイチゴに対して肯定的なツイートが続いている。この時期には、韓国のイチゴが日本から盗まれたものであるとの認識はなかったことがうかがえる。では、いつ頃から韓国のイチゴに対する批判的なツイートが現れるようになったのだろうか。

続けてツイート内容を見ていくと、2 月 15 日、「前半終了、おやつタイム。韓国のおやつはバナナ。日本のは苺かな？」と、カーリング女子の「おやつタイム」に関するツイートがされはじめる。「カーリング女子におけるおやつタイムが普通に女子会すぎて癒される　最初おやつってなんのこっちゃて思ってたけど見たら本当に韓国側はバナナ食べてて日本は苺頬張ってて可愛い」とのツイートや、2 月 16 日には「みんな気になる“おやつタイム”をどうぞ！　カーリング女子予選リーグ 日本 対 韓国」と、NHK スポーツの URL を張り付けたツイートが見られた。また、RT 数 115 件、いいね 405 件の「インフルエンサー」によるツイートは、「カーリング女子のおやつ　日本……いちご　韓国……バナナ」とツイートしているが、韓国のイチゴを批判するような言説にはつながっていない 。

そして、2 月 19 日、「よくわからないけど、特許があれば現行の法令でも使用料請求されそうだし、今、流通している種を勝手に増やすことは出来ないんだろうか。韓国にいちごの品種をパクられたとか言う話もあるし、割と簡単にコピー？出来るんじゃないのか？」と指摘するツイートがあらわれる。しかし、RT数も「いいね」も0件であり、未だに韓国のイチゴに対する肯定的なツイートが続いている。2月20日、「韓国で食べる苺は日本の味がするだろうな（偏見」や「イチゴ……『農水省によると、韓国では、県が開発した「とちおとめ」や個人開発の「章姫」「レッドパール」などを勝手に交配したイチゴが全栽培面積の九割以上を占め、アジア諸国への輸出も活発だ。http://agora-web.jp/archives/2028153.html』……そんな韓国イチゴ……」と、毎日新聞写真部のリンクが添付されたツイートがされるが、これもRT数と「いいね」は0件である。このころからマスメディアを介して韓国のイチゴが盗まれたものであるとの認識がSNS上で共有されはじめる。しかし、まだ炎上には程遠い状況である。

2月21日の最初のツイートは、「カーリングのもぐもぐタイム。そういや日本で作った苺の苗数種が盗まれ韓国で掛け合わされて、韓国品種として登録されてるんだよね。和み映像を見つつそれ思い出して微妙な気分。一度流出してしまったら取り返しつかない事は沢山あるって事。目が離せない『もぐもぐタイム』」であり、日刊スポーツのニュースサイトの記事がURLで添付されている。

### 〔3〕共鳴空間の転換期

2月25日には、RT数118件、「いいね」98件の保守派の「インフルエンサー」（北海道新聞運動部）のツイートがあった。北海道新聞運動部は、「経緯を知らないであろう選手を批判する気は全くないが、こんな見出しを平気で載せる朝日新聞の見識を疑う。苺品種をパクられたせいで日本の損失は5年で220億だとか。『韓国のイチゴ、お気に入りでした』銅のＬＳ北見が会見」と、朝日のURLを張り付けたものが流れている。これはLS北見の記者会見を受けて速報を流したものであり、NHKの記者会見を受けて各メディアが選手のコメントを紹介した。これを機に韓国のイチゴに対する批判的コメントがちらほらと出始める。さらに、同日、RT数57件、「いいね」160件の「インフルエンサー」から、「銅メダルのLS北見が会見にのぞみました。『やってきたことは間違いではなかった』と充実の表情。鈴木選手はもぐもぐタイム で食べた韓国のいちごが

『甘くて美味しかった』と話していました。」といったツイートが流れている。これ以降、朝日新聞デジタルのURLなどを参照した韓国のイチゴに対する批判的ツイートが次々と流れはじめる。ただし、カーリング女子が韓国のイチゴは日本の品種を盗んだものであることを知らないという前提で、韓国（や日本の農林水産省）に対する批判がされている。

前者のフォロワーは411名、後者のフォロワーは2617名である。2月26日には保守派の「インフルエンサー」から6件、リベラル派の「インフルエンサー」から2件、計8件、いずれも韓国のイチゴ問題に関する批判が流れている（厳密にいうと、リベラル派の場合、1件はイチゴの問題が事実であるが故に批判し、もう1件は日本の農林水産省が無策なことを批判している）。特に、RT数2146件、「いいね」2172件の「インフルエンサー」は、フォロワーが71000人と多い。この「インフルエンサー」である小野寺まさる（元北海道議会議員、保守派）は、「10年前から韓国が日本の苺の苗を盗み出し韓国で栽培し始めたことはニュースになっていた。日本の苺農家は大打撃を受け続けているが、その問題をスルーし何も知らない『カーリング娘』を使い『韓国の苺は美味しい』と宣伝をする日本のマスコミの姿勢に吐き気がする。」と、YouTubeのURLを添付してツイートしている。

その他、2月26日、2ちゃんねるまとめサイトを参照した「【画像あり】カーリング女子が美味しいと言ってた韓国の苺、日本の農家を騙し奪った日本苺だった！！！！！」とするツイートが複数人によって連投されている。SNSだけではなく掲示板上でも炎上していることがうかがえる。2月27日には「カーリング女子のスポンサーJA全農だったの？！ にもかかわらず、韓国産苺は日本の品種を盗んだ物なのに、アゲ発言するなんて！日本のいちご農家かわいそう……この程度も知らないなんて……選手としてどうなの？ カー娘に贈られる100年分の米で贈るのかJA全農が検討中」と、ライブドアを参照して、農家を擁護することで韓国を批判するツイートも見られる。また、同日、RT数28件、「いいね」21件のツイートでは、「正確には、韓国人が頼み込んできて『韓国に持って行ってもあなたの畑だけで作ると約束』で日本の農家が分けてやったら、それを種に韓国中に子株を売ったんだよね。『あなただけの所で栽培してね』の意味は苺は交雑が強いから、違う苺畑に持って行くとたちまち品質が落ちるよ、って意味だったんだけど」と、批判的なツイートが目立つ。

また、韓国を批判しつつも、カーリング女子をするコメントが見られる。例えば、「韓国で日本でぬすまれたいちごが大々的に売られてることは大変な問題ではあるけど、カーリング女子たちが食べてたいちごが『確実に』その品種だっていうソースは出てこないし、『韓国のいちご美味しい』と言っただけで叩くのはなんか違う気がする」とのツイートや、「カーリング女子が叩かれてる？韓国のいちご？アホちゃう？ やってること、お前らが嫌ってるどこぞの国より陰湿やぞ」とのツイートが見られた。

2月27日には、RT数683件、「いいね」601件の「インフルエンサー」（元日韓ベンチャー合弁会社創設者、保守派）によると、「品種改良で大きい甘い苺を作るまでの長年の努力を、約束破って盗んだ韓国農業と国家単位で慰安婦日韓合意の約束を破る韓国政府。やっぱり そだねー」とツイートしている。イチゴとは無関係に、日韓関係全体を問題とし、韓国政府の批判を持ち出している。韓国のイチゴ農家ではなく、韓国全体の問題にすり替えている。

また、同日には、小野寺まさるをはじめとする保守派のツイート等を参照しているツイートがある。例えば、小野寺まさるを参照しているものでは、「苺問題……何やらまだ大荒れの模様なのです。韓国による日本品種盗難、ならびマスコミ報道が問題。そこが根幹。取り違えるとマスコミに利用されるのです。『ネトウヨがカーリング女子に猛バッシング！韓国産褒めるのはけしからん！』とか美味しくて素直にでた感想。批判の矛先と方向が大事です」や、「選手が韓国の苺が日本から盗まれたものと知らないのは罪じゃないし『おいしい』と発言するのも悪くない。だけど、それがそのままメディアに載ってしまうと、日本の苺農家はさらに顧客をとられて被害が広まるかもしれない。これはマスコミが事実を併せて伝えるか、無理なら報じるべきでなかったと思う」とのツイートがある。さらに、「百田尚樹『韓国の苺は日本の苗を盗んで作られた。商売にしないと約束したのに海外に売り日本農家は大損害。』」といったツイップルからの引用や、「【韓国いちご】百田尚樹『朝日は苗が盗まれ作られたのを知りつつ韓国推しする記事を書いた』→ 高山正之『知っててやるから悪質』| Share News Japan」とい

ったツイートがされている。このツイートは複数人により数回にわたりツイートされている。ほか、2月27日に、複数人により複数回投稿されたものには、「『韓国の苺、びっくりするぐらい美味しい！』←もとは日本の苺だったのに韓国人が約束を破った模様……」と、いろいろな参照URLを添付してツイートされている。この文章では、「韓国の農家」から「韓国人」全体の問題に置き換わっている。

2月28日には、「インフルエンサー」の吉田康一郎（中野区議、保守派）が、「私も指摘しようと思っていましたが、色々な方が指摘してくれています。アジアへの輸出産品にまでなっている韓国産『甘いイチゴ』は日本人の様々な努力による品種を盗んだ物。カーリング女子が食べていた韓国産イチゴは、日本の苺農家が個人栽培を条件に譲った苗と判明……」とツイートしている。さらに、「百田尚樹『韓国の苺は日本の苗を盗んで作られた。カーリング女子チームが知らないで食べ『美味しい』と言った事を朝日は大々的に報道した。』: 真実を追究する KSM WORLD」のように、百田直樹が『朝日新聞』を批判するツイートが見られる。しかし、間接的に『朝日新聞』を批判しておきながら、投稿者が参照している記事には『朝日新聞』のものも含まれる。例えば、「【カーリング女子】『韓国のイチゴ、びっくりするぐらいおいしくてお気に入りでした』朝日新聞 その苺、韓国人が日本の苺農家西田さんから個人栽培を条件に譲ってもらった苗。でも約束破って【韓国産】として国内外に大量生産しぼろ儲け。日本の損失額（続く）」といったツイートが見られた。小野寺や吉田のような政治家が韓国のイチゴは日本から盗まれたものであることを批判している。

2月28日にも、複数の投稿者により、参照先URLを変えながら、ほぼ同じツイートが連続して投稿されている。例えば、前日と同じく「『韓国の苺、びっくりするぐらい美味しい！』←もとは日本の苺だったのに韓国人が約束を破った模様……」のほか、「カーリング女子『韓国のいちご美味しい！』←ヤフコメで批判殺到」、「【画像あり】カーリング女子が美味しいと言ってた韓国の苺、日本の農家を騙し奪った日本苺だった！について」、アゴラを参照した「カーリング女子の「韓国のいちごおいしい」発言の裏事情」のようなツイートがある。中には「苺の品種の原産じゃなくて金と年月をかけて品種改良した権利なんだが、そこを叩くって漫画やアニメ海賊版とかソフトの割れとか認めるのと同じだぞ カーリング女子『韓国のいちご美味しい！』←ヤフコメで批判殺到：なんJ PRIDE」と、議論そのものにコメントするツイートも見られた。

このツイートの後、「【歴史戦】また…… 韓国の約束破りと問題蒸し返し 慰安婦問題、国連人権理事会での韓国外相演説」、再び百田尚樹を参照して「狙いすましての『故意犯』を繰り返す『朝日新聞』！【韓国いちご】百田尚樹『朝日は苗が盗まれ作られたのを知りつつ韓国推しする記事を書いた』→ 高山正之『知っっててやるから悪質』| Share News Japan https://snjpn.net/archives/44393」と、韓国のイチゴからずれた、韓国全体の批判をする参照記事や、『朝日新聞』を批判するツイートがされている。

また、3月1日においても同様に、アンテナを参照した「【悲報】カーリング女子「『韓国のイチゴはびっくりするぐらいおいしい』→苺関係者が発狂三」とのツイートや、アゴラを参照した「カーリング女子の『韓国のいちごおいしい』発言の裏事情」が複数人により連続で投稿されている。中には、「小野寺さんがカーリング選手を絡ませ非難してるが如く騒ぐバカが多くて困る…… 小野寺さんはカーリング選手の素朴な発言を一切非難してないし、選手の健闘を誰よりも讃えていた事は間違い無い…… 今回の苺問題は盗人韓国農家を非難してるもので、彼女達は一切関係ない…… 話がごちゃ混ぜで、困ったモンだ」と、小野寺まさるを肯定しつつカーリング選手を擁護するツイートや、「中国韓国と権利関係の取引をしてはダメだろ。＞【悲報】カーリング女子『韓国のイチゴはびっくりするぐらいおいしい』→苺関係者が発狂三」と、日中韓全体の関係で中韓を批判するツイートも見られた。アゴラを参照したものには、「悪いのは盗人と西田さんの事を付け加えて報道しないアホの朝日新聞」とする朝日新聞を批判するものが見られる。

カーリング選手を擁護するツイートはあるが、保守系のツイートが韓国全体を批判することに対しての指摘は見られない。また、百田尚樹が『朝日新聞』を批判することについても反論がなく、肯定的な雰囲気を醸している。一見して韓国を擁護するようなツイートでも、よく読むと韓国とマスメディア（主に『朝日新聞』）批判であることがわかる。例えば、「流れてくる、韓国における苺の話。

もともと彼らは、そういうことをしなくては生きていけなかった（衣食も足りてないので、礼節なんか無い）ような人種で。 そんなクズな連中を信用した農家がバカだったわけですが。これは『朝鮮良い国！人も素敵！』と吹聴したメディアがとか思いつつ。」のような、辛辣なツイートも見られた。

3月2日にもアゴラを参照した「カーリング女子の『韓国のいちごおいしい』発言の裏事情」の連続投稿は続いている。中には、アゴラの参照URLを添えて「ちょっと悲しい話…… 車や中国の新幹線も同じようなことがありますね」と付け加えた投稿が見られた。その他、「たしかに。色々焦りがあるのだろうが戦略全く練らずに場当たり的に流すからウラを取られて自分達で自分達の首を絞める結果になるのよね。元々韓国に苺がなくて苗が日本から伝わり（じーさんが約束破って広めた）まるで韓国原産みたいに大きな顔して国内外に売ってるなんて知らなかったわー」や、「これも、このおじさんが鬼籍に入った後は、韓国が独自の技術で品種改良した苺だと言い張るんだろうな。彼の国では嘘も百回言えば真実になるらしいね。変な国だね。」と韓国そのものを批判するツイートがある。

マスメディアから参照したものでは、NHK Sportsを参照して「NHKでも、韓国のいちご品種泥棒の件伝えてる。200億円以上もの損害が出てるからね」とのツイートや、「日本だって欧米諸国が改良した苺を導入して改良しただけなのに、韓国が同じことをすると許せないのか？」とするツイートがある。後者は、一見して韓国を擁護しているように見えるが、韓国の行いをよしとしているわけではなく、むしろ日本に対する自己批判になっている。その他、「カー娘『もぐもぐタイム』で韓国“悪行”再燃　イチゴ9割超が無断栽培の“日本産”　逆輸入の事態も（夕刊フジ)」、また、NHKニュースを参照して「カーリング女子で注目 韓国イチゴは日本から流出 農相 | NHKニュース……いちごの発祥は韓国です。それを日本に持ち込んで品種改良した。他にも米やパンなど韓国発祥です」という皮肉めいたツイートまで見られた。

韓国のイチゴが問題であるはずが、次々と話が大きくなっていく。これは1つの「極化」現象として解釈できる。

### 〔4〕農林水産省声明後の共鳴空間の補強

では、農林水産省がマスメディアを通じて韓国のイチゴに対する声明を発表し、SNS 上で参照されるのはいつ頃であろうか。

3 月 2 日、農林水産省のコメントを報道したものを「インフルエンサー」が参照したものでは、RT 数 123 件、138 件の「インフルエンサー」(中道左派)が、「齋藤農水大臣「韓国大粒いちごは、日本から流出したものを韓国で交配させたものだ」と明言したが、何でこんなに発言が遅いのか呆れる。正確には日本農家が開発したものを韓国人と契約を交わし育ててもらっていたところ、韓国人が契約を無視して勝手に韓国で販売しだしたものだ。」とツイートしている。ここから農林水産省の話題が出始める。さらに、「インフルエンサー」の RT 数 27 件、「いいね」53 件の富山県情報サイト「『とやまっぷ .com』運営」(中道左派)が、「もぐもぐタイムのいちごだぷ〜 カーリング女子で注目 韓国イチゴは日本から流出 農相 | NHK ニュース」と、NHK ニュースを参照している。

マスメディアからの参照では、「カー娘"もぐもぐタイム"で注目の韓国イチゴは『日本流出の品種』 斎藤健農水相が指摘 - 産経ニュース」や「韓国イチゴに農水相『日本品種が流出』カーリングで注目:朝日新聞デジタル」、「カーリング女子で注目 韓国イチゴは日本から流出 農相 | NHK ニュース」の URL を添付したツイートが複数人により連続で投稿されている。

その他、matomame から、「農水相がカー娘に苦言『韓国の苺を美味しそうに食べてたけど、あれ日本の苺の品種を盗んだ奴だぞ』」、2 ちゃんねるから「New post(農水相がカー娘に苦言「韓国の苺を美味しそうに食べてたけど、あれ日本の苺の品種を盗んだ奴だぞ」)」、antena から「農水相がカー娘に苦言『韓国の苺を美味しそうに食べてたけど、あれ日本の苺の品種を盗んだ奴だぞ』」といった参照ツイートが流れている。

議論の方向性は、相変わらずカーリング女子を擁護し、韓国全体やマスメディアを批判する方向にある。例えば、RT 数 250 件、「いいね」466 件の「インフルエンサー」の元日韓ベンチャー合弁会社創設者が再び現れ、「韓国で美味しかった料理などあれば?『省きます。食については興味がなさすぎて。』勝負メシはご飯! 盗作韓国苺を大宣伝した日本のマスコミが次の韓国オシを画策したが

不発 これも国民栄誉賞もの 仙台凱旋では是非日の丸を」と、韓国のイチゴ問題というよりは日本のマスメディアの批判をしている。アゴラを参照したツイートでは「記事の通りカー女を批判は矛先が違う。憎むべきは泥棒をしておいて、他所でも売りまくり、日本の4倍の売り上げを得て、起源まで主張する乞食民族どもです。対策はただ一つ。関わらない、入れない事。」のようなものがある。また、農林水産省がイチゴの生産国自体を問題にすることに対して、「どこの国の苺だろうが構わねーだろうがよ農水大臣。韓国イチゴに農水相『日本品種が流出』カーリングで注目」と批判するツイートも見られた。ツイート全体の流れを見ると、イチゴの生産国それ自体が問題ではなく、イチゴの品種が日本の農家から詐取されたことを問題にしている。

3月3日には、「キムチ速報から「【イチゴ】カーリング女子の『韓国のいちごおいしい』発言の裏事情」、yorozuantenaから「【驚愕】韓国のいちごに対し、農水相『日本品種が流出した可能性』→ 指摘へ」、tatsumakiから「カー娘が絶賛した苺に農業関係者は複雑 韓国への流出で年16億円の損失」、大手ではyahooから「韓国『苺』発言の裏事情が『一般人にも広く拡散される』凄絶な展開に 腸が煮えくり返る思いがする」といった参照ツイートが流れている。

3月4日には、RT数617件、「いいね」435件の「インフルエンサー」（ブロガー、保守・中道）が「2006年の日韓いちごロイヤリティー交渉では、日本側が『レッドパール』『章姫（あきひめ）』など日本品種のロイヤリティーをイチゴの苗木1株当たり5ウォンを韓国側に要求して決裂していた経過がある。」と述べている。さらに同一アカウントのRT数163件、「いいね」133件の「インフルエンサー」が、同日に、「2006年の日韓いちごロイヤリティー交渉では、日本側が『レッドパール』『章姫（あきひめ）』など日本品種のロイヤリティーをイチゴの苗木1株当たり5ウォンを韓国側に要求して決裂していた経過がある。」とツイートしている。

また、RT数127件、「いいね」141件の「インフルエンサー」の元日韓ベンチャー合弁会社創設者が、「青木理『日本は北朝鮮と戦後賠償も解決していない』日韓基本条約で韓国側『北の分も含んでクレ。北には我々から渡すニダ』北朝鮮分戦後賠償金を支払済みだが 約束？知らん！ とすっとぼけるであろう 南北朝鮮

と そっち系在日のパヨクと 韓国苺農家と 目付き悪人 サンデーモーニング」とサンデーモーニングを批判している。さらに、3月6日には、同一アカウントのRT数1008件、「いいね」877件の「インフルエンサー」が「NHKでようやく苺のニュース　カーリング女子の話はせずだし　取り上げるのも遅いよ！　韓国苺の9割以上が　日本から盗んだ品種　研究開発費0のため格安海外輸出　日本の輸出農家は44億円の損失」とツイートしている。いつの間にか朝日やNHKなどのマスメディア批判に議論がすり替わっている。

3月10日には、「苺種苗を盗んだ韓国農家が『無自覚に犯行を自白する』凄まじい展開に。被害者面をしている模様 - U-1速報」や、「日本の"苺泥棒"批判に『韓国が躍起になって反論して』墓穴を掘りまくり。19世紀並の野蛮国家だと自供する : U-1速報」と、何故か日本が悪いことになっていることを指摘するツイートが流れている。

### 〔5〕共鳴空間の再転換

3月10日の末ごろには議論の方向性が少し変化する。「韓国人は苺食べるな」とのツイートが投稿されるが、一方で「はよ韓国行って嫌になるくらい苺たべたい」、「とりあえずいちごいちご　いちごを補給　韓国のイチゴはさっぱりしてておいしい」や、3月11日に「韓国のスタバいちごや～　いちごヨーグルトとか美味しそう　飲みたいな～！！」、「韓国いちごの話はNG」、「今日の韓国は21度まで気温があがって、外出するにはすごくいい天気 #カフェドパリ にいってきました一番有名なのはいちごボンボン！　マスカットやマンゴーもあって #インスタ映え 抜群！　#韓国旅行 #韓国好きな人と繋がりたい」のようなツイートが流れ始める。

注目すべき点として、3月9日のRT数204件、「いいね」113件の「インフルエンサー」（保守派）が、「日本で開発された苺が韓国で栽培されている事に対して、韓国メディアは育成者の日本人の許諾を求めるのが順序だが求めていない、但し法的な問題は無いとの立場を報じました。盗まれた方が間抜けと言う事です。」とツイートして以降、保守派の「インフルエンサー」のツイートがなくなっている点が挙げられる。残りは個人の商業サイトと組織の商業サイト（と政治性とは無関係のもの1件）だけである。

韓国そのものを肯定的にとらえるツイートと並行して、3月15日になっても、「盗品苺の交配者 韓国で英雄扱い (PRESIDENT Online) http://nav.cx/2K4hMAl [ライフ] # 韓国 #blogos」のような連続した参照ツイートや「泥棒民族め！！恥を知れ！！」のような韓国への批判ツイートが投稿されている。3月18日には、アゴラから「泥棒韓国人多くの人が勘違いする『韓国いちご問題』3つの誤解」との参照ツイートが複数人により連続で投稿されている。3月26日までこの参照ツイートは続いている。3月28日には、「[日本代表も惚れた、大韓民国『イチゴ独立』成功記] 当時の日本農林水産省は韓国産のイチゴが日本に流通しないという事だけに気を配り無能な対応をして（し）まった。その間に海外への苺の輸出は完全に韓国に支配されている。」と皮肉めいたツイートがなされている。次第に韓国への批判は薄れていくが、3月30日に至っても「加工師の言い分聞くと韓国の苺の話思い出すんだよなあ」とのツイートが見られた。

## 2.8 韓国産いちご問題から見る極化現象

### 〔1〕韓国産いちご問題を事例とした極化のメカニズムに関して

このように、政治家をはじめとする保守派の「インフルエンサー」がこぞって韓国のイチゴ問題に関するツイートを投下しはじめたのは、2月25日から2月26日頃であることがわかる。そして、2月27日から2月28日にかけて、掲示板やニュースサイトなどから参照した、ほぼ同じツイートが連続で投稿されている。「インフルエンサー」のツイートなどに見られる韓国のいちご問題に関する言説上の批判の矛先は、韓国農家に対するものではなく、韓国全体に対するものや『朝日新聞』に対するものである。言説の流れでは、カーリング選手に対する批判は反論されているのに対して、韓国全体の批判や『朝日新聞』全体の批判に対する反論が（リベラル派のツイートを含めて）、3月11日に至るまでほとんどなされていないことから、2月26日から2月27日頃を境に、議論の前提条件

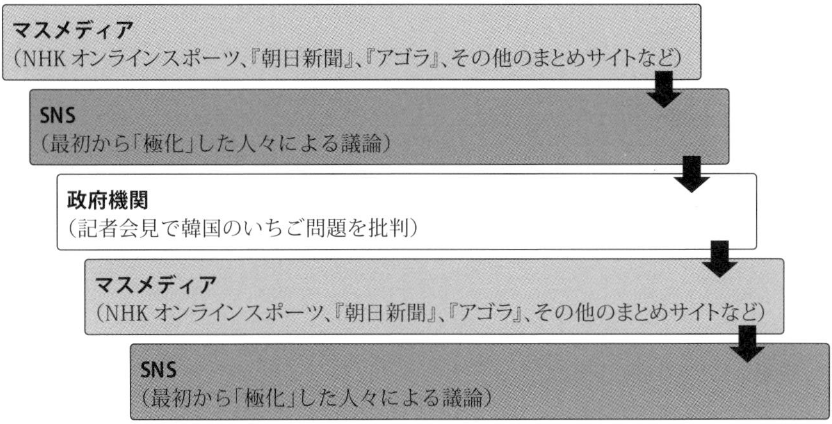

マスメディア
（NHK オンラインスポーツ、『朝日新聞』、『アゴラ』、その他のまとめサイトなど）

SNS
（最初から「極化」した人々による議論）

政府機関
（記者会見で韓国のいちご問題を批判）

マスメディア
（NHK オンラインスポーツ、『朝日新聞』、『アゴラ』、その他のまとめサイトなど）

SNS
（最初から「極化」した人々による議論）

**図 2.3**　韓国のいちご問題に関するメディア間のダイアロジカルネットワーク

（反韓・反朝日）を共有している人々がエコーチャンバーによる集団を形成されていることがうかがえる。

分析の結果から、韓国のいちご問題におけるダイアロジカルネットワークは、「インフルエンサー」を中心に、マスメディアから韓国のいちご問題に関する情報を参照し、韓国やマスメディア（主に『朝日新聞』）を批判する。また、政府機関がマスメディアを介して韓国のイチゴ問題に言及していることから、「マスメディア→ SNS →政府機関→マスメディア→ SNS」の言説の順序構造が浮かび上がっている。この流れは言説上の順序構造であり、現実に因果関係があるかどうかを考慮するものではない。

理論仮説は、「平昌五輪における新聞報道は客観的な日韓関係報道を行なったことで受け手が極化したのではない可能性がある。一方で既に対立や極化の議論が前提となって受け手によって行われ、それらの議論がマスメディアや政府へと伝達されるのである」とした。

図 2.2 の流れに沿うなら、次のように解釈できる。「特定の事実・問題」と「大規模なイベント」に関する言説は、イチゴの種が韓国へ流出した問題が「もぐもぐタイム」というイベントを通じて浮上したことである。「メディアの報道」は、テレビ、新聞、インターネットなど、マスメディアが中継等で報じたこ

とである。「ネットでの炎上・対立」は、本分析から、2月25日から2月26日頃にSNS上で保守派の「インフルエンサー」が集まり、対立や極化の議論が前提となる議論が展開されている。この時点でメディアの報道からの「既成事実に基づいたネットでの炎上・対立」が発生している。「政府による発表・会見」は、SNS上での議論から浮かび上がった言説がマスメディアや政府とレリバンスを持つ、というダイアロジカルネットワークが浮かび上がっている。最後に、「メディアの既成事実化」と「既成事実に基づいたネットでの炎上・対立」は、フォロワーを大量に保有する保守派の「インフルエンサー」が寄り集まることで、SNS上では極化した議論が前提となっている。また、アゴラなどの記事を参照したツイートが複数人により連続で大量に投稿されていた。これらのことから、言説の流れとして見た場合、理論仮説は検証された。

以上のことから、見かけ上の議論の「極化」現象をダイアロジカルネットワークとして解釈することができる。

### 〔2〕韓国産いちご問題を議論していたのは、どのような集団だったのか？

この韓国産いちご問題に関しては、Priorのいうニュース志向のユーザーの中でも、保守派の中でさらに分化した集団が議論の中心となっていた可能性がある。エコーチャンバーが保守的、あるいはリベラル的な集団内で、さらに複数の小集団を形成する可能性があることは、既にPiersonによって指摘されている[Pierson. 2014]。

韓国産いちご問題を取り上げていたユーザーは、主に極端な保守的意見を持った人間であった。極端な保守的意見を持つユーザーとは、永吉が指摘するようなネット右翼に近いユーザーを意味する[永吉. 2019: 17-21]。吉永は、ネット右翼とは別に、保守的な意見を持たず、反政府的な意見を持つオンライン排外主義者の存在を取り上げていた[永吉. 2012: 21]。しかし、今回の韓国産いちご問題において、反政府的な意見を述べていたユーザーは少なかった。このことから、オンライン排外主義者は「インフルエンサー」にならず、ネット右翼に近い集団に帰属しているユーザーが、韓国産いちご問題やそれに関連する情報を共有していた。

韓国産いちご問題では、地方政治家、作家、ベンチャー企業社長、書店、ブロガー、ジャーナリストが主な「インフルエンサー」であった。この結果は、Tsubokuraらが分類したような非科学、感情的な一般集団に分類されるユーザーが議論の中心的な存在であったことを意味している[Tsubokura et al. 2018]。一方で種苗法において重要な専門家、例えば弁護士や司法関係者、あるいは国政政治家や官僚などは議論に参加しておらず、農業関係者も「インフルエンサー」ではなかった。すなわち合理的、科学的な手法に基づいて韓国産いちご問題を議論する科学者集団や、法整備を立案、提出する政策集団、あるいは問題の当事者となる集団などに帰属していると思われるユーザーは、確認できなかった。

このネット右翼的な極化集団は、朝日新聞など反政府的なマスメディアや問題の原因となったオリンピック選手、種子の流出を知らないユーザーなどに対して批判的であった。これらのユーザーは韓国や選手、国民の問題に対する認識への不満、法制度の整備の必要性の主張、マスメディア批判を行っていた。しかし、このような極端な保守的意見に反対するユーザーは確認できなかった。

韓国の食品、美容、観光などの娯楽コンテンツを投稿していたユーザーは韓国産のいちご問題について取り上げていたが、政治情勢とは無関係なスイーツや観光紹介に関する投稿であった。Priorのいう「娯楽志向」のユーザーがこれらに該当する。この結果は、SNSユーザーの選択的接触が、第一に「ニュース志向」と「娯楽志向」とに分類できるとするPriorの見解を支持するものである。「韓国」や「いちご」に関連する投稿は、ニュース志向集団と娯楽志向集団の間でフィルタリングやエコーチャンバーが発生していた可能性が高い。

韓国産いちご問題を共有していたのは、ニュース志向を持った感情的な集団であり、とりわけ保守的なユーザーの中でも、反韓嫌韓感情、反メディア的な意見を持ったネット右翼的な集団の中で行われた議論であった可能性がある。

こうした事実から、韓国産いちご問題に関する話題は、極化した集団の中でも一部の集団内でのみ共有されていた可能性が高い。それは、フィルタリングによって韓国産いちご問題に関する情報探索を行い、種子流出問題と類似した情報を集めた同質的なユーザーが集まり、エコーチャンバーによって、一部の閉鎖的で、極端な感情的集団が形成されたという可能性である。そして韓国産いちご問題の話題は、他の一部の集団には共有されておらず、その事実すら認識していないユーザーが存在した可能性が高い。アメリカのように、人種差別問題を取り上げたニュース志向集団の中で、保守的な極化集団とリベラル的な極化集団のような複数の集団が情報を共有し、意見を先鋭化させることはなかった。むしろ、日本において議論を共有していたのは、ニュース志向の集団の中でも、一部の保守的で感情的な極化集団であった可能性が高い。そこに政治的な対立は存在せず、反韓、嫌韓感情を有した保守的な先有傾向を持ったユーザーが、同質的な情報に基づいて、議論を行っていたのである。したがって、韓国産いちご問題が極化集団を生み出したのではなく、既に極化していた感情的な集団がいちご問題に注目した可能性がある。

## 参考・引用文献


［1］ Barbera, P., Jost, J.T., Nagler, J., Tucker, J. A., and Bonneau, R. (2015) "Tweeting From Left to Right: Is Online Political Communication More Than an Echo Chamber?" *Psychological Science* **26**(10): 1531-1542

［2］ Beam, M. A. (2014) "Automating the news: How personalized news recommender system design choices impact news reception." *Communication Research*, **41**(8), 1019-1041.

［3］ Colleoni, E., Rozza, A. and Arvidsson, A. (2014) "Echo Chamber or Public Sphere? Predicting Political Orientation and Measuring Political Homophily in Twitter Using Big Data." *Journal of Communication* **64**(2): 317-332

［4］ 茨木正治 (2018)「"極化"報道の実証研究（マクロ）――2017年8・9月の日韓報道の極化」上村崇・塚本晴二朗編『「極化」現象と報道の倫理学的研究』印刷学会出版部

［5］ 稲増一憲・三浦麻子 (2016)「"自由"なメディアの陥穽：有権者の選好に基づくもうひと　の選択的接触」『社会心理学研究』31巻5号 : 172-183

［6］ 蒲島郁夫・竹中佳彦 (1996)『現代日本人のイデオロギー』東京大学出版会

［7］ ―――――― (2012)『イデオロギー』東京大学出版会

［8］ 金善映 (2017)「インターネットにおけるヘイトスピーチと右傾化現象を読み解く――"2ちゃんねる"と"イルベ"掲示板のユーザーはなぜ"左"ではなく"右"を選択しているのか」『国際情報研究』14巻1号 : 50-61

［9］ Klapper, J. T. (1960). *The effects of mass communication.* Glencoe, Ill.: Free Press.

［10］ 小林哲郎・稲増一憲 (2011)「ネット時代の政治コミュニケーション――メディア効果論の動向と展望」『選挙研究』27巻1号 : 85-100

〔11〕 Lazarsfeld, P. F., Berelson, B., and Hazel, G., (1944=1987) *The People's Choice: How the Voter Makes up his Mind in a Presidential Campaign*. Columbia University Press（有吉広介翻訳『ピープルズ・チョイス――アメリカ人と大統領選挙』芦書房）

〔12〕 Leuder, I. and Nekvapil, J. (2004) "Media dialogical networks and political argumentation." *Journal of Language and Politics* **3**(2): 247-266.

〔13〕 前嶋和弘 (2017)「2016 年アメリカ大統領選挙とメディア」『選挙研究』33 巻 1 号 :30-40

〔14〕 永吉希久子 (2019)「ネット右翼とは誰か――ネット右翼の規定要因」『ネット右翼とは何か』青弓社 : 13-43

〔15〕 Pariser, E. (2011=2016) *The Filter Buble What the Internet Is Hiding From You*. Penguin Press（井口耕二訳『フィルターバブル　インターネットが隠していること』ハヤカワノンフィクション文庫）

〔16〕 Pew Research Center (2018) "Partisan Divides in Views of Many Countries - but Not North Korea" Pew Research Center, September 10,〔https://www.pewresearch.org/politics/2018/09/10/partisan-divides-in-views-of-many-countries-but-not-north-korea/（閲覧日 2020 年 7 月 29 日)〕

〔17〕 Pierson, E. (2014) "See how red tweeters and blue tweeters ignore each other on Ferguson." *QUARTZ*. Atlantic Media Company.〔https://qz.com/302616/see-how-red-tweeters-and-blue-tweeters-ignore-each-other-on-ferguson/（閲覧日 2020 年 5 月 1 日)〕

〔18〕 Prior, M. (2007). *Post-broadcast democracy: How media choice increases inequality in political involvement and polarizes election*. Cambridge, UK: Cambridge University Press.

〔19〕 ――――― (2013) "Media and Political Polarization," *Annual Review of Political Science* 16: 101-127

〔20〕 Sears, D. O. and Freedman, J. L. (1967) "Selective Exposure to Information: A Critical Review," *Public Opinion Quarterly* (31) 2: 194-213.

〔21〕 白崎護 (2016)「小泉内閣期における有権者のイデオロギーの規定因」『ソシオロジ』**60**(3), 97-115.

〔22〕 ――― (2020)「マスメディアに対する選択的接触」『年報 " 政策と調査 "』18: 43-64

〔23〕 Stroud, N. J. (2010) "Polarization and Partisan Selective Exposure." *Journal of Communication* **60**(3): 556-576.

〔24〕 Sunstein, C. R. (2001=2003) Republic.com. Princeton: Princeton University Press.（石川幸憲訳『インターネットは民主主義の敵か』毎日新聞社）

〔25〕 ――――――― (2017=2018) *#REPUBLIC*. Princeton University Press.（伊達尚美訳『# リパブリック』勁草書房）

〔26〕 竹中佳彦 (2014)「保革イデオロギーの影響力低下と年齢」『選挙研究』30 巻 2 号 : 5-18

〔27〕 田中幹人 (2020)「科学とメディア」藤垣裕子編『科学技術社会論の挑戦 2 科学技術と社会――具体的課題群』東京大学出版会 : 25-39

〔28〕 Tsubokura M., Onoue Y., Torii H. A., Suda S., Mori K., Nishikawa Y., Ozaki A., Uno K. (2018) "Twitter use in scientific communication revealed by visualization of information spreading by influencers within half a year after the Fukushima Daiichi nuclear power plant accident" *PlosOne*, Published: September 7, 2018〔https://doi.org/10.1371/journal.pone.0203594（閲覧日 2020 年 5 月 1 日)〕
〔29〕 辻大介 (2017)「計量調査から見る「ネット右翼」のプロファイル : 2007 年／2014 年ウェブ調査の分析結果をもとに」『年報人間科学』38: 211-224
〔30〕 辻大介・北村智 (2018)「インターネットでのニュース接触と排外主義的態度の極性化──日本とアメリカの比較分析を交えた調査データからの検証」『情報通信学会誌』36 巻 2 号 : 99-109

# 第3章

# 「極化」・感情・熟議

## 3.1 はじめに

本稿の目的は、「極化」現象のもつ議論および成員集団の認知の「閉鎖性」を、感情の作用によって解放させ、異論を認める「熟議」へ移行しうる要件を探ることにある。

なぜ、いま、「極化」と「熟議」を関心の焦点とするのか。

「極化」が持つ問題と類似した問題が社会の諸分野で進行していることと、それを認識し抑止する手立ての一つに熟議があると考えるからである。

比較的同質の成員を持つ集団で、意見が分かれやすい素材で議論をすると、極端な主張にまとまりやすくなるのが「集団分極化現象」(「極化」現象)である。ソーシャルメディアによる空間では、同質の情報と嗜好を形成しやすい「共鳴室」現象と「フィルターバブル」現象が、成員の情報に対する選択的接触がもとになって起こると言われる(たとえば、辻, 2020)。この「極化」現象は、結果として、主張の極端化を生み出すとともに、成員の認知の歪みに基づく選択的知覚や接触をもたらすとすれば、集団としての閉鎖性を生む。

この閉鎖的傾向は、諸集団の閉鎖性にもとづく意思伝達が滞るようになると、集団相互の「共在」や「共存」ではなく、所有する権力資源の差異によって支配服従関係をもたらす。「限られたパイの配分」が現実化すれば、配分よりも権力資源を前面に押し出した「収奪」が肯定されかねない。ことに、集団の意思決定が政策として反映される政治の場面においては、見かけ上の多様性による利害を調整するために、「決められる政治」や「強いリーダーシップ」が求められるようになった。そのときには、「何をどのように決めるか」ということについて吟味し、時間をかけた合意形成は顧みられることが少ない。結果、意見分布の（誤）認知を背景にした現実の利益配分が遂行され、制度化される。

この政治的意思決定の背景には、他者への「非寛容」と「非共存」がある。意思決定の場において「熟議」は「寛容性」を担保とするものであった。（近代以前の日本の「寄合」における「全員一致」の仕組みは、根回しとあわせて持つことで成立していた[神島, 1961: 宮本, 1984]ことをみれば、「熟議」と「寛容性」がもつ性質がひとえに西洋のみに存在していたという訳ではない）。そして、熟議民主主義については、長らく政治思想の分野で論じられており、「この20年ほどの間に、実証的な（政治学）研究も飛躍的に進んできた」[鹿毛, 2017, p6]と言われている。しかし、世界の先進と呼ばれる国家での「保護主義的」な政治姿勢とそのシステムは、理論と現実の乖離をまざまざと見せつけている。

熟議が民主主義および民主政治の基礎的要素の一つであることは、政治が異なる他者との共存を象徴によって結び付け可能にする手立て[岡, 1972]であることからも明らかである。多元的な価値を公正公平に配分することで可能な限り多くの人々の福利に貢献するためには、異論への寛容は必須である。

近年、（社会）心理学の感情研究において集団間感情が「共感」を出発点として、「怒り」や「嫌悪」という否定的とされる感情についても、適切な抑制（制御）と組み合わせることで、否定的感情それ自体が持つエネルギーを肯定的活動への弾みとする試みが指摘されてきた[縄田, 2019]。メディアを介した集団極化の閉鎖性を解くことや、政治的意思決定の場における非寛容と排除の傾向を劇的に転換させるものではまだないにせよ、H・D・ラスウェルがかつて指摘していた「転位」（displacement）（彼の場合は、私的動機を公的なものに「置き換える」、そのためにシンボル操作が行われるというものであったが）[ラスウェル, 1954]を感情レベルで行うことは可能と考える。たとえば、「闘技的デモクラシー」[ムフ, 2008]にまでいかなくとも、「人びとがいま強い関心と情熱を持つ問題が討議の対象に選ばれなければ、そもそも討議の場が成立しないし、討議も有効に続けられないであろう」。[篠原, 2012, p248] と篠原が述べるように、寛容性を生み出す「場」の構築に感情が関与することがあり得よう。

本章で「極化」と「熟議」とを感情によってつなげ、寛容性のある場を構築するという際に試みるのは、以下の2点である。まず「極化」現象における成員及び集団のもつ感情の働きをマス・メディア論と社会心理学の諸研究を概観することで明らかにする。次に感情が熟議を促すためにどの程度関与しているのかについて先行研究を辿ることによって整理をする。その際に、否定的感情の一つである「怒り」を取り上げ、その情報収集欲求が、「極化」状況に陥る集団が有する「私憤」を「公憤」に転化させることで、「熟議」との関連を模索する。

## 3.2 Webメディアによる「極化」

本書第2章の平昌五輪報道の実証研究における極化モデルを検討するにあたり、この章では、メディア環境の変化と感情の考慮という2点から言及したい。

第2章において、平昌五輪のトピックがネット空間で極化したことは、ネットメディア自体が持っている、メディア属性として「共鳴室」現象（echo-chamber）や「フィルターバブル」現象（filter bubble）を示すだけでは当該現象に対して十分な説明ではない。そもそも、「共鳴室」現象や「フィルターバブル」現象が、情報接触における人の認知活動の一つである「選択的接触（知覚）」（selective exposure（perception））に起因する。それらは、伝統的メディア（マス・メディア）を用いたメディア効果研究のときでも説明概念として用いられてきたものである。1940年代当時のメディア効果研究の対象は新聞とラジオであり、それらが読者・聴取者に直接無媒介に影響を及ぼすものとされた。しかし、個人間の「対人コミュニケーション」を考慮に入れたことにより「選択的接触」概念が導かれた。マス・メディアの情報を受け取る個々人は、その情報について、身近な人々と情報を交換することで、マス・メディアからの）メッセージを読み替えて受け取っていたのである。これは、情報の受け手・送り手が属している「環境」にメディア属性も影響を受けざるを得ないことを意味している。

では、平昌五輪開催時においてはどうであろうか。当時（2012年）テレビ放送等のマス・メディアのみならず、SNS等のネットメディアが受け手の情報環境を構成するようになった。このようなマス・メディアとインターネットが混然一体となったメディア環境を、「ハイブリッド・メディア・システム」（hybrid media system）[Chadwick, 2017]とよび、このメディア環境を前提とした議論が極化研究にも求められるのである。

実は、この概念を提唱したChadwick（2017）では、「ハイブリッド・メディア・システム」とは何かといった明確な定義はなされていない。伝統的メディアとネットメディアとの関係も事例列挙に過ぎず（とはいえ、ウィキリークス問題、大統領選挙運動とネット戦略等を素材とした政治ニュースの表出に政治権力とメディアがどのように関連しているか詳細に語り、単なる情報操作の文脈にとどまらず政治権力とメディアの相互作用の結果として扱っている）、「新旧のメディアと政治権力がどのように再統合されているのかについて全体にまたがる結論を生み出すことができたのに」「次の書では、チャドウィックの詳細な分析を再構築して新しいメディア政治システムを分析できるような豊かな概念を示してもらいたい」[Schillemans, 2014]という書評子の辛辣なコメントを受けるに足る点は否定できない。（初版への論評）

加えて、ハイブリッド状況の適用状況は、政治コミュニケーションにとどまらず、Twitter、Facebookなどソーシャルメディア研究、科学技術論とメディア[田中, 2020]、ニュース生産過程（ニュースバリュー研究――ニュースの送り手研究）と、メディアの内容、生産、流通、消費といったメディア・コミュニケーションの全過程にまで及ぶ勢いを呈している。それに対して、本来の関心対象であるべきソーシャルメディア研究においては、前述したように提唱者の著作に明確な概念規定がないために、個別研究にとどまっている。その中でも、メディアのニュースに着目した研究[Edgerly & Vraga, 2020]ではメディアの「雑種性」

（hybridity）を考慮したうえで、ニュース性のコード・モデルを構築している。以下では、モデル化の試みを辿ることで極化モデルへのヒントをつかみだす作業を試みる。

### 〔1〕「ハイブリッド・メディア・システム」と「ニュース性」

Edgerly と Vraga の研究[Edgerly & Vraga, 2020]では、従来送り手がニュースの価値を決めていたものが、受け手も自らの判断でニュースとみなすことができるようになったとする。その背景には、多様なメディアの存在である「ハイブリッド・メディア・システム」が、ニュースなるものにも影響を与えていることを指摘する。彼女たちは、この仮説を検証するために「ニュース性」（news-ness）という概念を提起する。「ニュース性」とは、受け手がある内容をニュースと特徴づける程度を表す。それによって、メディアからのメッセージを受け手が理解し処理をする方法を捉えるというものである。

メディアからのメッセージをニュースとみなすか、あるいはその他のもの（娯楽など）とみなすかという行為には、上述しているような誰が（送り手・伝え手・受け手・その他＜世間・準拠集団等々＞）みなすかということと併せて、何にみなすか（「みなされるもの」）が必要になる。その「みなされるもの」をメディアの「ジャンル」（genre）と呼ぶ。そして、メッセージとジャンルをつなぐ内在論理が存在する。これを記号学の言葉を借りて「コード」と呼んでおくと、従来のニュース価値については、メッセージ、ジャンル、コードが送り手（伝え手）主導であった。この仕組みを明示的な形で崩したのが「ハイブリッド・メディア・システム」であった、とみることができる。

ジャンル分けは、「これがニュースだ（でない）」として情報受容の結果に影響を及ぼすだけではなく、「ジャンル」分けの過程が定型化（制度化）されると、受け手の情報選択行為に影響を及ぼすことになる。言い換えれば、ヒューリスティックなメカニズムが生まれ、ニュースという枠「に」から「で」メディアによるメッセージという情報を自動的に処理するという構造が生ずる。この構造が、「ハイブリッド・メディア・システム」状況によって崩れたのが現代のメディア環境である。

もっとも、メディア環境の変化がただちに受け手個人の認知構造を変化させたわけではない。変化の過程はまだ十分検証・説明されてはいないが、送り手からのメッセージの受容過程は、送り手と受け手の相互作用の結果生じているという認識はメディア研究にはすでにあった。受け手の「能動性」については、20世紀前半から指摘があった。たとえば、すでに述べたように「選択的接触」という概念は1940年代のメディア効果研究から示されていたし、「利用と満足」研究はそれよりも先に受け手の動機を探った研究であった。

ただし、選択的接触による受け手の能動性への意識は、アメリカ合衆国を中心とした行動科学に基づく計量的手法を行うメディア研究である、経験学派によるメディア「効果」研究から得られた知見であることを鑑みれば、受け手の能動性は送り手から「与えられた能動性」であった。現在においても、メディアから送られたメッセージをどう解釈するかという制約はある。けれども、主要なメディアが複数存在し、受け手（使い手）がそれを選ぶことができ、自らもそれらを使って発信することができるという「ハイブリッド・メディア・システム」が、内容や、判断の際の「コード」が「混在」する状況を生み出したことは、受け手の「能動性」にも、効果論から導かれたときの状況とは異なったものが生じているとみてよいであろう。

効果研究だけでなく、ニュース価値の研究自体にも、伝統的メディアのもつ民主主義的価値にリンクしたニュース規範に対する疑義は、実のところ、ニュース価値の研究の出発点であるホワイトの研究にすでに内包されていた。というよりも現状のメディア状況では、顕教（公正・中立・客観と政治参加への知識提供）と密教（資本の論理やデスクの意向で記事が決まる――主観的・感情的な嗜好によりニュース選択の基準）が共存していた。しかし、それはマス・メディアが主流メディアとして人々の政治や社会のニュースについて、情報資源の一つとなっていたことと、ニュース価値研究がメッセージ生産過程の視点から見た受け手像であったことが、メディア状況（認識）顕教と密教を共存させたとみられる。

Edgerly と Vraga は、「ハイブリッド・メディア・システム」がニュースにおいて、報道（公平・客観・中立）が民主的規範としていたものを崩す要因となったとする。その中で娯楽との混在（「infotainment」と呼ぶ）が、伝統的なニュース価値規範を揺るがしたとする。「infotainment」の構成要因として「政治諷刺」(political satire)、「過度な暴力的姿勢（侮蔑性）をもった憤り」をもつメディア」(outrage media)、「ソフトニュース重視」(soft news)、「扇情主義」(sensationalism) をあげている。「政治諷刺」(たとえば『シャルリ・エブド』誌がイスラム教徒に向けた宗教差別的な画像、政治によって被られた弱者を嗤う自称「諷刺漫画家」の画像のようなものを想定されたい）と「過度な暴力的姿勢」は、「公正中立」を嗤い、誹謗中傷、嘲笑、個人攻撃などを「娯楽」の装いをして攻撃し、情緒的な挑発行為や政治的に偏向した内容を作り出す、とする。「ソフトニュース重視」と「扇情主義」では、いいかえれば、政治や経済をテーマにした「お固いニュース」(hard news) に、非政治的な（日常生活描写、人柄優先の政治家像、明治期の「小新聞」が扱う世情情報）出来事を「画になる」表現で、庶民受けすることを狙うものであり。出来事を針小棒大に扱い、受け手の感情を掻きたてる描写をして、行動の主体から客体へ、舞台の主役から観客へ受け手を、転換させることを試みる。「infotainment」の構成要因のうち前者二つの要素は、ネットメディアの「炎上」を例に挙げれば理解しやすいであろう。後者二つは、すでに挙げたような日本の明治初期から中期に登場した大衆向け新聞「小新聞」をイメージすればわかりやすい。

では、「ハイブリッド・メディア・システム」は大衆社会論が述べていた、メディアによる画一的な大衆操作とどう違うのか。Edgerly と Vraga は、「多層化された雑種性」[Mellado *et al.*, 2017]を用いて、このシステムの全世界的規模の展開の「雑種性」を説明する。その中で、彼女たちは、コミュニケーション過程の諸要素にも、この「雑種性」が浸透しているとみなす。この「多様性」は、受け手の立場に焦点を当てた接近方法の利点を強調するというニュースの語られ方の「多様性」と、多層化され互いに矛盾する、ニュース概念を受け手がもつという「多様性」の２つからなっている、とする。さらに「雑種性」は、送り手が伝える内容だけでなく、受け取る受け手の「コード」にも浸透している。その「コード」を規定する要因が、感情であり、その感情を喚起させるのは「infotainment」を構成する４つの要素であるとする。様々なニュースの伝え方から、様々な読み取りのルール（「コード」）によって、様々な受け取り方をする、ということになる。組織された少数の集団が発するメッセージを単一の集団（大衆）が受け取るという大衆社会論的メディア・コミュニケーションとは明らかに異なっている。

## 〔2〕「感情」概念の導入：社会心理学的接近

### (a)　感情研究の現状：社会心理学、パーソナリティ心理学

感情の定義を「動機づけ」理論から整理したのが、上淵・大芦（2019）である。かれらによれば、

「感情」は、「情動」(emotion)、「情感」(feeling)、「気分」(mood)、「アフェクト」(affect)、――感情を経験すること――および「情動的態度」(emotional attitude）を含む広義の言葉であり[遠藤, 2013]、さらに「情動」と区別を明確に規定しているわけではない、とする。「情動」とは「ある感情を生じさせるような明らかな出来事が先に存在し、始まりと終わりがはっきりとしていて、何らかの心理的・身体的反応を伴うような強い感情」を指し、Shiota & Kalat（2017）によれば、感情研究から以下の3つの特徴があるとされる。

① 私たちにとって有益なものである
② 何らかの出来事に対する反応として生ずる
③ 認知的評価、主観的な情動経験、生理的変化、行動の4つの側面から構成される

極化研究で意識すべきは、「感情」の下位概念である。それは「基本感情」と「自己意識感情」の2つに分けられる。実証研究は以下の「基本感情」を対象としているものが多い。自己が形成される過程で生じる感情である「自己意識的感情」は、自己形成にみずからが準拠する集団及びその成員の価値や判断に、ひいては集団が置かれている文化や社会による影響を受けやすい。そうした、「自己意識的感情」と異なり「基本感情」は生得的なものとされているから、より普遍的な素材として知見を一般化しやすいと思われる。

「基本感情」(basic emotion) とは、「生まれつき発生の準備ができていて、生後間もない頃から生起し、国や文化にかかわらず、普遍的に経験・理解されるような感情」と規定している[上淵・大芦, 2019, p167]。具体的には、「喜び」(joy)「悲しみ」(sadness)「怒り」(anger)「恐れ」(fear)「嫌悪」(disgust) などがあるという。

これに対して、「自己意識的感情」(self-conscious emotion) は、「子どもが自分と他者を区別できるようになり、自己についての意識が形成され始めることで経験するようになる感情」[上淵・大芦, 2019, p168]であると規定されている。具体的には、「てれ」(embarrassment)「罪悪感」(guilt)「恥」(shame)「誇り」(pride)「妬み」(envy)「感謝」(gratitude) などが挙げられる。極化の文化的差異や、地域集団による差異をみるためには今後、このような「自己意識的感情」を指標にした極化を考察する必要があろう。

日本感情心理学会 (2019) が示した感情の定義では、集団間と感情の関係に言及しており、これが集団極化研究と感情を考える上の手がかりを提供する。

集団間感情理論 (intergroup emotions theory) とは、出来事の評価によって感情が生ずるとする「認知的評価理論」(cognitive appraisal theory) と、所属する集団やカテゴリーを自己の一部と同一視する「自己カテゴリー化理論」(self-categorization) とが接合して生じたものである[縄田, 2019]。すなわち、集団間感情理論は、自分の属する集団を内集団とみなして、そこに (で) 遭遇する出来事をどう評価するかによって感情が生ずるとみなすのである。国際大会で日本のチームが敗れると、あたかも自分が敗れたかのような感情を生む。そのときに相手国のチームに起きる感情が集団間感情である。縄田 (2019) によれば、集団間感情が起こる過程は次のような現象が生ずる。

○集団間行動と集団間感情の生起過程[縄田, 2015]

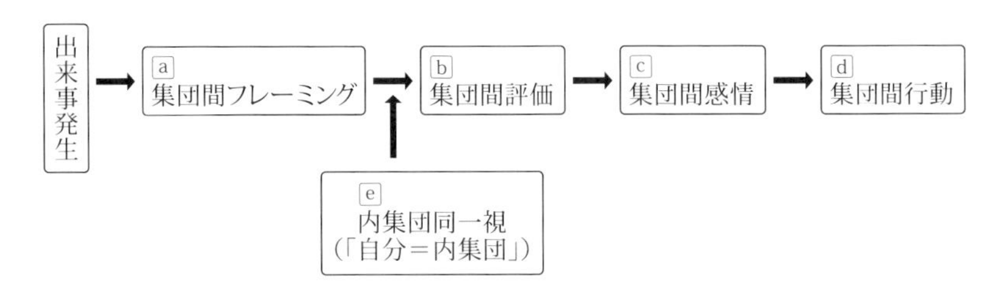


**図 3.1**　感情発生の過程(縄田(2015)を基に作成)

上記の a から d については以下の内容・具体例が想定できる。

a 出来事を「内集団 vs 外集団」という認知的評価枠組み（フレーミング）から解釈

b 内集団にとって「どのような出来事か」という評価

c 怒り・恐怖・不安・嫌悪・罪悪感・希望

d 攻撃・差別・回避・補償・謝罪・赦し

ある出来事を、「内集団と外集団」というフレーミングでとらえる a と、内集団にとってどのような出来事であるかを認知する b 。この認知的評価は「特に内集団同一視が高まった状況や、特性として内集団同一視が高い人において顕著になる」。その結果、怒りや恐怖といったネガティブな感情が喚起され c 、攻撃や回避などの集団行動が生ずる d 、としている。内と外の対立という認知枠の形成とそれに基づく出来事の評価が主として負の感情形成につながり、行動として顕在化する。このメカニズムは、個人と集団との同一視の程度によって活性化するといえるから、「極化」が生ずるための要因として、個人ならびに集団としての所属集団への同一視の程度にも着目する必要があることが見出せる。

では、集団間にはどのような感情がどういった行動を喚起するのであろうか。縄田（2019）は続けて以下のように述べる。否定的感情であっても顕在化する行動は一様ではない。

① 怒りは攻撃[Andersen & Bushman, 2002]と結びつく。対立的主張や行動（軍事）攻撃支持態度と集団間の怒りには正の相関があるとされている、と述べている。

② 恐怖は回避行動を生むが、攻撃との関連は一貫性ないとされている。攻撃との関係は、場面や認知的枠組みに依存するという[Mackie & Smith, 2015; 縄田, 2015]。

③ 不安は、外集団成員との相互作用場面で当該相互作用を実行しないか中止をしたり、視線を回避するという行動を生みやすいとしている。

④ 嫌悪は、外集団への回避や排斥行動を増加させることが示されているとされる。注目すべきは、嫌悪によって外集団を人間とみなさない傾向が知られているという点である[Buckels & Trapnell, 2013]。

⑤ 罪悪感は和解への可能性を示唆するものとした研究があるとされる。

集団極化との関係でいえば、極化の程度が高いと対立もまた認知上高まり、攻撃性が増加すると予想される。恐怖は、極化に誘う要素が重要である（どのような場面を設定し、認知枠組みを構築させるかは、情報をどのように伝え、集団感情としての恐怖を煽るかということにかかる。とすれば、ヘイトスピーチ（差別煽動）をメディアがどう伝えるかという点は、重要な問題となろう。人種差別が外集団の成員を非人間化するのは、差別が嫌悪と組み合わさった結果であろう。

嫌悪感情と極化の実証研究として、茨木（2018）がある。2012年の領土問題に関する日本の「嫌中嫌韓」報道がメディアの極化を招いたかを目的とした論考であった。対人魅力分野で検討されていた先行研究[金山, 2016]をメディア報道に援用した。嫌悪の原因と嫌悪の行動（対応）に分けて「嫌中嫌韓」報道が極化する際の要素はなにかを探った。嫌悪者の対応（報道内容からの読み取りを評定）は建設的積極的姿勢から、消極的自己満足的姿勢まで8項目を均等に設定した。嫌悪感情の頻度とその程度（「嫌悪度」とした）を極化の程度の指標とした。結果として、極化状況が調査期間を通して高い数値を得たことはなかった。しかし、特定項目の特定メディアに関してのみ「嫌悪度」の上昇がみられた。また、嫌悪者の反応において、前述した8つの項目のうち、「積極解決」が極めて高い頻度で他の項目とのその差は大きく、「回避」は殆ど見ることができなかった。またこのことは、嫌悪が回避行動をより誘発しやすいという、縄田が集団の嫌悪感情について概観したのとは異なる結果を生み出した。

### (b) メディア「極化」研究と感情

『Journalism & Mass communication Quarterly』では、2019年秋季号で、「党派性と分極化」という特集を組んでいる（第96巻第3号）。メディア環境は、分極化と党派的傾向が進みつつあるという認識のもとに、4編の論文を当該号に載せている。この特集論文を概観することで党派的という制約はあるが、実験室を離れた「極化」現象の分析と考察という点で社会心理学から社会学・政治学の「極化」研究へ向けての展開の一例を提供するとともに、個人や小集団から共同体や社会をつなぐメディアを意識することで「極化」の社会学、政治学へ道を開くことにも役立っている。

具体的には、4編の論文は、「極化」の主体における条件、「極化」の党派外への一般的影響、「極化」に関わる論争的（旗幟を鮮明にしやすい）内容とその場面、「極化」集団のメッセージや行動を情報として受ける「受け手」の情報環境と感情の極化（特定感情の喚起が特定の感情を極化に関与する）を知見として提示している。

以下では、特集の冒頭で編者の一人であるHa（2019）が当該雑誌特集4編の論文を概説していることを手がかりに、「極化」現象の諸相とそれを生み出すメディア属性について述べる。

#### 1.「極化」の諸相とメディア研究

党派性ある集団が、メディアを用いて自らの主義主張を広げていく戦略過程で、自らの党派性もより深まるという論文[Baugut & Neumann, 2019]を冒頭に掲載している。主義主張が似通った成員に論争が起こりやすい議題を討議させるのが、「集団分極化」の実験の基本デザインであるから、この論文は、「集団分極化」実験の前提に忠実な視点によるものであるといえる。メディアの極化を生み出す、担い手の性質に焦点を当てている論文である。

Baugut & Neumannが、「極化」の前提についての考察をしているのに対して、ソーシャルメディア（フェイスブック）が党派的メッセージを従来のメディアと比べてどのように伝えている（伝えやすくしている）か、を明らかにしたのが、Larsson（2019）である。前述したハイブリッド・メディア・システムを背景とし、ソーシャルメディアとマス・メディアが拮抗する状況にあるがゆえに、伝統的メディア（マス・メディア）との比較が可能になっているのである。党派的集団の活性化はもとより、利用者の当該主義や主張への動員の可能性も示唆している。「党派性の薄い」（関心の低い）人たちへの影響をもたらす可能性の指摘は、「極化」の当該集団外への影響を多面的に――「多数派形成可能性を持つ極化」「分断のみならず統合機能も持つ極化」――考慮する必要があることを示している。

「極化」しやすい内容（大統領候補の政策）と場面（大統領選挙運動期間）を素材として、従来は健康に関する話題に適用するリスク情報探索と処理モデルを拡張して分析を行っているのが、Yang, Chu & Kahlor（2019）である。同じく選挙データを用いて否定的感情が別個に党派的な情報源を使って、感情極化に影響を及ぼしていくとするのがLu & Lee（2019）である。非政治領域の内容と場面への展開に慎重さが必要であるとはいえ、「不安」や「恐れ」、「怒り」といった否定的感情が意見の極端化を招く（「極化」）ことが示されたことは、平時から非常時への変容が決して内外の政策や自然災害といった当事者の外的要因だけではないことを確認させてくれる。

**2.「極化」の諸相と感情**

以下では、(a) で言及した感情研究の知見を踏まえつつ、再度4編の論文を検討する。

Baugut & Neumann（2019）では、ノルウェーの極右集団がメディア報道から敵対メディアと「第三者認知」（自己より他者がメディア影響を受けやすいとみなす認知パターン）を受け取り、自身の感情と行動に影響を与えたことを、インタビュー調査等の質的調査から明らかにした。理論枠組みには、「互恵的効果」（reciprocal effects）と「敵対メディア」概念を用いてノルウェーの「極右集団」に生じた認知とメディア利用に応用する。「互恵的効果」とは、先んじてその内容が予期されたメディア報道が集団の主導者に与える影響のことであり、先行研究では、この理論の動向を概観し、メディア利用、集団の主導者の感情、社会状況に関する彼らの認知に与える影響について言及がある[Kepplinger, 2007]。「敵対的メディア」では、内集団が、外集団を敵として認識するとき、当該集団は敵として認識するメディアをも敵と味方に分けて利用することが示される。また、この研究はメディアバイアスに関する研究の一種とみることができる。バイアスのかかった認知とメディアによるバイアスの形成に「敵対メディア」の認知が関与することがすでに示されているからである。

Baugut と Neumann の論文にみられるバイアスを生むイデオロギーはどのように表われるのか。縄田（2015）のモデルを使えば、以下のようになる。(a)集団間フレーミングは、極右集団の持つイデオロギーが該当するが、このイデオロギーの存在を、この論文では、2011 年 7 月にノルウェーで起きたテロ事件について犯行声明を出した極右勢力に対する態度から推測している。ただし、一般に、確たる定義は極右イデオロギーには存在しない[Muddle, 2000]。しかし、差別主義、ナショナリズム、反多元主義、反議会主義などからおおよそ規定できる[Blee & Creasap, 2010]。また、この研究では、極右集団の成員へのインタビューからみられたところとして、上記の特徴は、個人的な影響力が強く（個人として強く影響を受けた、等の言説）、第三者認知がみられたとしている。これは、(a)集団間フレーミングの内実を直接語っているわけではない。しかし、「極右集団」がもつ特徴的な反応として、1. 政治的関心・態度を重視し、イデオロギー関与が高いこと、2. 自らに好意的なメディア報道を煽情的に用い、自らのイデオロギー普及に貢献させること、3. 組織づくりがメディア報道の素材となりやすいことをあげている。ここから、政治的関心の重視が自らのイデオロギー関与の高さにつながることはもとより、組織をメディアにどのように見せるかについての意識の高さが「極右集団」にはあることが見てとれる。

次に、Web メディアの過剰党派性（hyper-partisan）について言及した、Larsson（2019）を紹介する。彼は、以下のように述べる。

高い党派性を持つソーシャルメディア（Facebook）では、マス・メディアに比べて利用者が活発であることを内容分析から明らかにした。ただし、メディア利用の能動性は、新たな価値や認識を創り出すというよりも、既存のものを分配し、拡散させることにより「積極的」であることが示された。拡散に重きを置くということは、既存のマスメディアに対して、「虚偽媒体である」「偏向している」という認識をもち、自らが好む党派性あるソーシャルメディアを「真実を語る」ものとして位置付けていることが前提にあることが、当該メディアとマス・メディアとの言説の比較を通じて明らかになったと述べる。対象としたソーシャルメディアを使用者がどのように利用しているかをみた結果、既存の枠組みに感情による「承認」という形で「反応」し、次いで、拡散することを価値基準として目立つ「論評」が認められ、「共有」されるという過程を明らかにした。ここには、事実性や論理性、真実性という伝統的メディアのニュース価値基準はあげられていない。前述した「hybrid media system」が暴露したニュースの特徴(「ニュース―民主主義物語」)や、後述する言語の「自己表出」機能[宮原, 2005]の「変種」と関連する。事実や真実よりも情報を共有して孤立の不安を解消する(不快を取り除く)ことが重視されるメディア利用がソーシャルメディアに求められているのである。

Lu & Lee(2019)では、党派性のある情報源と感情極化を論点とし、2012年の合衆国大統領選挙研究のパネルデータを用いて、党派的な情報を消費することが感情の極化に与える影響を検証した。自分たちが支持する候補を肯定的に描くメディア(親党派的メディア)の報道に接すると、感情の極化が高まる。個々人の否定的な感情を対立する大統領候補に向ける。その結果、怒りや恐怖という否定的感情が、本来あった党派的内情報に対する感情をますます極化させることが明らかになった、と述べる。

彼らは、政治情報が極化することの背景に「選択的接触」があることをまず指摘する。ケーブルニュースが党派的情報を主に流しているという文化的背景[Jamieson & Cappella, 2008]を基に、親党派的メディア情報の消費は、対立する党派の情報を強く否定する[Levendusky, 2013]ことで好みの情報を積極的に取り入れる傾向があるとする。ただし、感情極化と選択的接触の関係は従来の研究では実証性が不十分であるという認識に立ち、それをパネルデータの解析から実証を試みる。

集団間の分極化と感情の極化については、従来の見解(社会アイデンティティ論）を用いた説明を行っており、すでに紹介した論文と大差はない。「共鳴室」、「フィルター・バブル」に相当するものがこの論文では、それぞれ「党派化」、「党派メディア」であるとしている。

Lu と Lee は「選択的接触」と感情との関係について、心理学の「評価傾向理論」（appraisal-tendency theory）を用いて説明をする。この理論は、外的刺激である出来事を評価することで個々の感情が生ずる（動機づけ研究では、報酬、罰、肯定的な言葉がけなど社会的要因を個人がどう認知するかによって［内発的動機付けとなって］——個人の自律性を促進するか阻害するかによって—行動＝感情の現れ方が異なるとする）ものである。この情報の選択結果が、他者のせいで否定的出来事が生じたと解せば、ある種の基準が侵害されたことになって、「怒り」が生ずる。同時に親和的な（「ウチ」の）候補には偏愛が生まれる。他方、外的刺激の出来事が環境内で脅威となる刺激であり、不確実なもので、個々人では制御不能と解すれば「恐怖」が生まれる、とする。たとえば、対立候補は不埒な輩だと親党派的メディアが報じれば、政治家としてあるまじき存在だとみなして「怒り」が生まれる。他方、対立候補が「何をしでかすかわからない」資質を強調して報じれば、脅威と不確実性から「恐怖」が先に立つ。（だからといって排斥が起こらないわけではない。そののちに、不安因子の除去が顕在化すれば「排除」や「反発」の態度が形成されよう）

Yang, Chu & Kahlor（2019）では、ヒューリスティック・システマティックモデルと感情との関係について論じている。

2016 年の合衆国大統領選挙期間中の 2 つのトピック（「選挙」と「気候変動」）に関する情報処理の動機づけに焦点を当てた研究である。リスク処理に関するモデルの有効性を実証することが主要目的であり、感情やネットメディアを直接の研究対象とするものではない。しかし、感情は知覚情報の不足を知らしめることにより、情報探索欲求を高めることができる。特にリスク認知において、リスク情報不足による管理機構への怒りは、より正確な情報探索への欲求を高めることにつながり、他方リスク認知による不安は、情報探索とリスク忌避に影響することが知られている[Griffin *et al.*, 2008]。この先行研究をモデル化して実証しようとしたのがこの研究である。情報の体系的処理は理性によってのみ図られるのではないことを示唆している。論者（Yang ら）も指摘しているように、政治情報は争点化しやすいということはあらかじめ分極化しやすい素材を設定しているともいえる。この場合では、リスク認知の構成要因が見出せなくなってしまう恐れがある。極化研究を非政治的な素材に拡張する際に留意すべき点であろう。

## 3.3 「極化」と議論（「熟議」）

前節（3.2）のメディア研究例は、「極化」概念の拡張とメディア（伝統的メディアとソーシャル・メディア）の関係を主軸として、そこに感情メッセージがどのように関わるかを示したものであった。これに対して「極化」と感情を真正面から扱った研究がある。それが Kim（2016）等の研究である。

### 〔1〕感情と熟議

熟議における情報に（否定的）感情がどのような役割を果たすのかを、小集団での討議を設定して実験によって明らかにしようとしたのが、Kim（2016）の研究である。

この研究で行われた実験では、怒りを感じた参加者は、活発な発言をしていたが、議題に関する情報量の多い人たちほどではなかった。討議における怒りは、直接的な効果（参加者を驚かせる、発言をやめるなど）はあったが、討議内容への影響は、議題情報を多く持っている人たちの積極的・建設的発言によって怒った人の影響は弱められた、という結果を得た。

要するに、感情的になってはいけないという議論のルールが作用して、感情喚起者は議論の埒外に置かれる（「興奮しないで」とたしなめられる）という議論でよく見かける情景を追認する結果になった。

#### (a) 熟議デモクラシーの概念、条件、過程

熟議デモクラシーの概念は、直接民主制のイメージとともに現れる。大衆社会論でも民主主義における「公衆」（民主主義的知識を持った理性的な一般市民）

の政治参加の形態として登場する（Edgerly と Vraga の研究（2020）における「ニュース ― 民主主義の物語」とつながる）。「討議モデル」としての検証や、実践的な成果を実証するということが特に政治学で行われてきた。しかし熟慮を構成するための要因やその過程は不透明のままである。従来の研究では対人レベルの話をもとにしたネットワークにみられる特徴や、現実の熟議フォーラムを実際に行って、そこから熟慮がどのようにしてできるか、そのときのどのような要素がはたらいているのかを探ろうとした。しかし、そうした試みは Kim によれば、熟議の「存在」に注目するものであり、「内容」に即したものではないとする[Kim, 2016, p4]。熟議の「存在」へ研究者の関心が集まるのは、熟議デモクラシーの規範志向にあると Kim は述べる。熟議デモクラシーには主権者が互いに直接対峙して意見を陳述することを是とした規範的な性格が強調され、そのための条件や過程を定めることになり、規範性を抜きにした条件や過程そのものを検証することが研究例ではあまりないとする。加えて、経験的なアプローチによる熟慮現象の説明をする時でも、熟議を実際に測定することが難しいことによると述べる。内容分析から熟議過程を構築しようとしても、熟議の「内容」をどこに定めるのか、発言の個々の語か、言説か、発言全体か分析単位からして多様である。また、多様かつ大量なデータを仕分けする「分析カテゴリー」を無駄なく行うには、その基準設定や工程表の作成からして「熟議」が必要であるようである。

Kim は感情について政治学がもつ前提にも疑義を投げかける。政治学・政治コミュニケーション研究における感情概念の誤りは、性的意思決定の合理的モデルを構築するにあたり、感情を非理性的なものとみなしてアプリオリに排除する傾向があるとし、せいぜい、ニュアンスを伝えるものとしての扱いを受けてきたとする。感情はあくまで個人に特有の内的な心理状態を表すものであり、合理的判断を妨げるものと従来の政治コミュニケーション論や政治学でみなしていたと批判する。さらに、政治学での感情研究があまり活発にされていないことを熟議の主体と関わらせて次のように述べる。熟議デモクラシー論がコミュニケーション上前提とする主体にいわゆる近代当初の「理性的市民」を想定しているからであり、現実の人間が熟議にかかわるまでに、多くのジレンマに遭遇し、個々の私益と自己の帰属する集団の利益との闘ぎあいの中でアイデンティティを獲得してきたことが、政治学における熟議デモクラシー論での感情軽視につながっていると説く。

### (b) 感情と熟議の関連

感情が熟議に果たす役割の中で、特に怒りが持つものについて、Kim はその必要性を 3 点指摘している。

① 怒りは目的志向的行動を連想させる「接近性ある」感情であることから、ほかの否定的な感情と異なり（恐怖、悲しみなど）、熟議への関心を維持させ、かつ次の行動を刺激する。

② 市民集団が持つ怒りの表出は、個人の利益ではなく集団及び社会が受け取るべき利益が侵害・剥奪等危機にさらされている、あるいは利益や価値が対立状況にあることを示している。政治的不満が集団としての政治的怒りの源泉となる場合が多いから（黒人差別に対する集団行動が、個人の白人警察官からの被害を発端として生じたのも、長年の偏見・差別が政治的怒りとして顕在化したものとみることができるのと同様に）、個人の問題（殺傷された個々の黒人、殺害した個々の白人警察官への怒りではなく）よりも、より構造的な問題への注視を促すことのサインに怒りがなりうることを示している。

③ 従来の熟議空間には見られなかった要素と議論の展開が期待できる。戦略的儀礼[Tuchman,1972; Wollehaek *et al.*, 2019]であったはずの「感情」が文字どおり儀礼化（形式化・陳腐化）した熟議（会議）の場を壊すことで熟議の活性化に寄与すると予想できる[Young, 1996]。

①と②をさらに敷衍させて Kim は次のように述べる。怒りは目標達成に対して障害が生じたときに発せられ、その障害が脅威となった時に、諸悪の根源とみなされる[Berkowitz, 1993]。集団として目標達成すべく邁進しているときに障害が生じた場合のみならず、すでにその障害が以前から存在しているような対立葛藤

状況や、その障害が公正さを欠くものであったり、本来認められるべき規範を逸脱したりしている場合にも怒りは生ずる[Hwang *et al.*, 2008]。集団間の利害関係の調整を目的とした「社会的諸価値の権威的配分」[イーストン, 1968]が政治の機能主義的な定義の一つであるから、政治問題の解決を目的とした討議に怒りが大きくかかわっていることは予想されうる。

極化へ向けて動き出した集団において議論の活性化とは、熟議の要素の中では意見の活発化に他ならない。感情研究は動機づけ研究と並行して研究が進んだ[上淵・大芦, 2019]ことを考慮すると、怒りという否定的感情は、どのような動機づけとしての「基底性」を持っているのであろうか。

Kimが実験で用いた先行研究群に「怒りの活性化モデル」(anger activism model：AAM)とよばれるものがある[Turner, 2007]。怒りを感じてそこから大きな効用を得た集団は「活性化集団」といい、集団のほかの成員よりも高レベルの「順態度」を示した研究がある。怒りと効用をそのレベルの高低と組み合わせて4つのセルをつくると、(怒り高/効用高)が「活性化集団」、ほかに(怒り低/効用高)が「能力活性化集団」、(怒り高/効用低)が「怒り集団」(ただ怒っているだけの集団)、怒りも効用も低い集団が「低関心集団」と示される。「活性化集団」には熟議に積極的に参加し、政治的実践にも積極的であったとされる。この「活性化集団」が集団全体の活性化を促進させる[Mackie *et al.*, 2000]から、怒りが集団極化を促す要因の一つとして見ることができる。

怒りが攻撃性を持っていることはよく知られている。怒りを討議の場に持ち込むと、暴力的な行為が行われ、議論の場そのものを壊す恐れがあるのではないかと懸念される。

Kimによれば、こうした懸念は杞憂であるとする。SmithとEllsworthの研究(1987)を挙げ、「感情(怒り)は進化を遂げ、行動の動機づけから、議論の際の条件を引き出し、柔軟性のある行動を熟議の結果として引き出す」とする。攻撃性が熱中する姿勢に転換するということであろうか。Kimはこの問いには答えてはいない。

怒りが目的志向的であり、その志向性が強いということと、怒りの攻撃性が強いことと連動するとは限らない。上記の「怒り集団」を想起するなら、ただ怒っている集団は怒りの程度は高いがその効用は低い集団とされていた。効用を考えるに、怒りの攻撃性が誰に向けて発せられるか（怒りの対象の問題）を考えるべきである。怒りの対象は、極化集団ならば、集団外の反対者たちであり、目的達成の障害物である「外集団」である。誰彼にも怒りを発する「怒り集団」では、ほかの集団の協力を得られることが少ないから目的（たとえば外集団の殲滅、外集団の利益獲得など）への志向性は弱まり目的の達成も困難になる。そもそも、攻撃性を暴力という形として集団内部で発揮してしまったら、集団の崩壊につながり、目的としての外集団（真の攻撃すべき対象）への攻撃ができなくなる可能性が高くなる。四方八方に向けられている「怒り集団」の攻撃性をどのようにして焦点化させるかが、「活性化集団」に求められる「政治的技術」（芸としての政治）であろう。

感情の認知結果に与える影響について、Kimがのべるところでは、まず環境認知のための情報を評価する、いわゆる「認知的評価理論」について言及する。生じた出来事の評価が感情を生み出すとするこの理論を、「目下の現実について記号で表現するという働き」を感情が持つと読み替え、否定的な感情と肯定的な感情では別々の記号表象と情報処理（「情報についての感情モデル」）があることを感情研究から引き出している[Clore *et al.*, 1994; Schwarz & Clore, 1998]。怒りのような否定的感情は、その出来事に介入して何らかの行為をすべしという含意があるとしている。そして、適切な行動をとるために、①注意深く現状を観察し状況を把握して評価する、②現状変革にとって可能なことおよびメカニズムを検討する、③ありうべき結果の予測をする、という3つの要素が求められる、とし、そのために体系的で、詳細な指針に沿った情報処理をすべきであるするSchwarz & Cloreの研究（1998）を引いている。否定的感情をもつと、恐怖のような回避行動を促進させるものは別として（恐怖も回避の手立てに関する情報収集をする時期があると考えられるが）、怒りを持つ人はその強弱の程度に応じてメッセージを分析的に処理することが示され、熟議に怒りを持つ人が参加すると、その争点への情報収集欲求が高まると予想される。

怒りによる情報収集能力の高まりは、ことに私的な出来事が熟議を通じて公的な問題として政治化する際の重要な要素となる。

Kim は、熟議が情報伝達の基盤となる可能性を、争点となる情報の開示と他者との対話に求めている。熟議の場が誰に対しても開かれ役立ちうる資源「貯蔵庫」になるとしている。この背景には、政治およびその情報に接する契機を感情特に怒りが持ちうることへの期待がみられる。Kim は、Marcus（2002）の言説を引き、その場の利益剥奪や不満に対する追及が政治への関心の契機であると述べ、バス座席差別、棲み分けの強要、および増税などへの怒りが最初はいわば特定の個人間に生ずる憤り、「私憤」であるが、特定感情による支援、権力への対峙する覚悟、他者の「私憤」に関わる共感から多くの人が共に持ちうる憤り、「公憤」となりうる。そのときに、利害対立のぶつかり合い、対立する視座構造の衝突を生む怒りが熟議の場によって生ずれば、怒りの矛先への情報の共有が進み、政治参加を促進させると説く。

しかし、ここには問題もある。公正・中立な熟議の場が果たして設定できるのか（熟議の結果生まれるのか）という疑問はさておき、「同じ立場」を認識することは必ずしも主張の発展（「私憤」から「公憤」への変化）を意味しない。確かに、同じ意見が熟議中に登場すれば、自分の意見を信ずるために「同じ意見」の推論過程やその根拠など諸情報への検索欲求が高まるであろう。反面、「同じ意見」に満足し、それより先の議論に立ち行かないおそれもありうる。しかも、感情が持つ不満の一時的放出による解消（「ガス抜き」）と相俟って「同意見」への擦り寄りは、結果として不満解消をもたらすような「浅い主張」になる。この点には Kim は指摘はするものの、そこからの言及はない。

このような理論上の限界があるにせよ、また実証化への問題（公開性の高い「熟議の場」をどのように実験状況に再現するかという問題）も課題として残っている。しかし、怒りのもつ議論の高まり（「極化」の一側面：意見の昂進）が、熟議状況と「化学反応」して、より多くの情報収集欲求を一部ではあるが参加者にもたらすことを示唆した点は検討に値するものであろう。

Nabi（2002）は、認知—機能モデルを用いてテロリズムへの態度への影響について、否定的感情に着目して論じた。

熟議デモクラシーにおける怒りと恐怖が媒介因子となることは、感情極化概念の基礎であるとされる[Yang *et al.*, 2019, p777]。同様に熟議デモクラシーを強化させる要因としても恐怖と怒りがとりあげられることがある。認知的評価理論では、怒りが政治活動を動員させるには、そこでのコストの高低できまる[Valentino et al., 2011]。他方、熟議デモクラシー論からでは、怒りは否定的感情として徹底的な処理がなされる。結果として精緻な意見が構成されるきっかけになることがある[Nabi, 2002]とする。

極化が生じる原因を探るのに、ミクロな個人の心的変化に着目すると、すでに述べてきたように、「選択的接触」や「社会的アイデンティティ論」のように、既存態度の強化促進がメッセージによって生ずるという考え方がある。この考え方は、「極化」過程にみられる付和雷同や同調・追従といった行動への説明として有効である。

『Journalism & Mass communication Quarterly』では、2019年秋季号で、「党派性と分極化」という特集を組んでいる（第96巻第3号）。メディア環境は、分極化と党派的傾向が進みつつあるという認識のもとに、4編の論文を当該号に載せている。この特集論文を概観することで党派的という制約はあるが、実験室を離れた「極化」現象の分析と考察という点で社会心理学から社会学・政治学の「極化」研究へ向けての展開の一例を提供するとともに、個人や小集団から共同体や社会をつなぐメディアを意識することで「極化」の社会学、政治学へ道を開くことにも役立っている。

具体的には、4編の論文は、「極化」の主体における条件、「極化」の党派外への一般的影響、「極化」に関わる論争的（旗幟を鮮明にしやすい）内容とその場面、「極化」集団のメッセージや行動を情報として受ける「受け手」の情報環境と感情の極化（特定感情の喚起が特定の感情を極化に関与する）を知見として提示している。

以下では、特集の冒頭で編者の一人であるHa（2019）が当該雑誌特集4編の論文を概説していることを手がかりに、「極化」現象の諸相とそれを生み出すメディア属性について述べる。

### (c) 「極化」の諸相とメディア研究

党派性ある集団が、メディアを用いて自らの主義主張を広げていく戦略過程で、自らの党派性もより深まるという論文（Baugut & Neumann, 2019）を冒頭に掲載している。主義主張が似通った成員に論争が起こりやすい議題を討議させるのが、「集団分極化」の実験の基本デザインであるから、この論文は、「集団分極化」実験の前提に忠実な視点によるものであるといえる。メディアの極化を生み出す、担い手の性質に焦点を当てている論文である。

Baugut & Neumann が、「極化」の前提についての考察をしているのに対して、ソーシャルメディア（フェイスブック）が党派的メッセージを従来のメディアと比べてどのように伝えている（伝えやすくしている）か、を明らかにしたのが、Larsson（2019）である。前述したハイブリッド・メディア・システムを背景とし、ソーシャルメディアとマス・メディアが拮抗する状況にあるがゆえに、伝統的メディア（マス・メディア）との比較が可能になっているのである。党派的集団の活性化はもとより、利用者の当該主義や主張への動員の可能性も示唆している。「党派性の薄い」（関心の低い）人たちへの影響をもたらす可能性の指摘は、「極化」の当該集団外への影響を多面的に――「多数派形成可能性を持つ極化」「分断のみならず統合機能も持つ極化」――考慮する必要があることを示している。

「極化」しやすい内容（大統領候補の政策）と場面（大統領選挙運動期間）を素材として、従来は健康に関する話題に適用するリスク情報探索と処理モデルを拡張して分析を行っているのが、Yang, Chu & Kahlor（2019）である。同じく選挙データを用いて否定的感情が別個に党派的な情報源を使って、感情極化に影響を及ぼしていくとするのが Lu & Lee（2019）である。非政治領域の内容と場面への展開に慎重さが必要であるとはいえ、「不安」や「恐れ」、「怒り」といった否定的感情が意見の極端化を招く（「極化」）ことが示されたことは、平時から非常時への変容が決して内外の政策や自然災害といった当事者の外的要因だけではないことを確認させてくれる。

### (d)「極化」の諸相と感情

以下では、(c) で言及した感情研究の知見を踏まえつつ、再度 4 編の論文を検討する。

### 〔2〕「熟議」政治（deliberation politics/democracy）研究の現在

感情が政治を動かすはずみ車となることが上記の感情研究を概観することによって示されたが、熟議を政治学ではどのように研究対象としてきたのであろうか。政治思想や政治理論の領域では古くて新しい問題として扱われてきたのは民主主義論との関連から想像に難くない。一方で、計量的手法を用い、数理モデルを構築するような「実証（主義）的政治学」でも「熟議」への関心はこの近年、高まっていた。

異なる意見を持つ他者との共存あるいは意見の調整にはたがいに寛容が不可欠である。

その寛容についての議論を「どのような条件で」生みだすのか、について、計量を重視する実証主義的政治学においても、「この 20 年ほどの間に、実証的な研究も飛躍的に進んできた」[鹿毛, 2017, p6]とされる。1987 年現代日本政治の実証的研究の蓄積を目指して創刊された『レヴァイアサン』は 2018 年 63 号で終刊したが、その 61 号（2017 年）では「『熟議』をめぐる実証研究」という特集を組んでいる。「特集の狙い」において、鹿毛（2017）は、特定の意見に「熟慮」し、「異なる意見に同意しないまでも理解」をする「パースペクティブ・テイキング」を経て、態度変容にいたる過程を「熟議」過程に見出し、そこに至る諸条件を実証的に解明してきたのが実証政治学における熟議と寛容性の研究であったとする。

この特集では、5 本の実証研究論文が掲題されている。討議型世論調査を実施したことによる理論的意味の考察[田中他, 2017]、オン・ラインによる討論と政治的寛容性の問題を扱い、世代間の異質性による議論が抑えられた結果を導く研究[池田・小林, 2017]、世論調査に熟慮を取り入れることの影響を検証する指標の構築を試みる研究[今井他, 2017]、争点を小集団で討議することから生ずる「ミニ・パブリックス」が参加者の政治的態度に及ぼす効果を検証し――ここでは特定争点に関する寛容性を高めることを示した――研究[横山・稲葉, 2017]、熟議を条件づけるイデオロギー対立が意見変化にも影響を及ぼすか否かを実験によって検証した研究[遠藤他, 2018]である。

## 3.4 おわりに

集団の極化現象が特にソーシャル・メディアにおいて顕著になることを、メディア環境の変化（ハイブリッド・メディア・システム）と、集団の成員と用いられる言語の「感情」要素に着目した社会心理学並びにメディア研究の研究動向を整理した。さらに、極化と感情と熟議との関係を、メディア研究ないし政治学の研究から概観した。伝統的なマス・メディアとソーシャル・メディアが混合しているメディア環境であるハイブリッド・メディア・システムにおいては、混合形態そのものや、影響力について一般化された理論はまだない＊。しかし、伝統的メディア間では、報道と娯楽の混在という形で「雑種性」が進み、それが発信手段を持った従来の受け手にまで浸透した。その複雑性が情報の嗜好による選択という意味での「選択的接触」を促進させ、それに伴う情報環境の変化（「共鳴室」状況や「フィルター・バブル」）をもたらしたとみられる。

複雑性からの影響の実証はまだ示されていないが、第2章から得られた知見である。マス・メディアを介在させることで、ソーシャル・メディアに「極化」が見られたことは、ハイブリッド・メディア・システム環境から説明が可能であろうと思われる、例えば、伝統的メディアの報道における「客観性」「公平・公正」性、「中立」、神話を留保しつつ、ソーシャル・メディアを経験した受け手の選択性からの視点で、「選択的接触」概念およびその要件を再検討するという姿勢を説明に持たせることができるのではないか。

感情とメディアの諸研究から、特に集団間感情研究から、基本感情とみなされる「怒り」や「嫌悪」の面で極化がみられる研究、極化の要因とされる社会的アイデンティティー論との関係を、認知レベルから解き明かす研究、認知評価理論とその構成要素であるフレームから説いた研究は、極化と感情との関係に普遍性を予期させるものであった。

熟議と感情との関係も、「怒り」がもつ攻撃性とそのエネルギーが、「私憤」から「公憤」に転化させることで異論への接触と寛容を生む「仮説」は、理性的人間像の残滓を前提にしているきらいはあるとはいえ、「選択的接触」の陥穽を超える手がかりを提供するものとなろう。

研究動向の概観から、極化と感情・熟議との一般化の試みはまだ途上であるといわねばならないが、問題提起の萌芽を見出すことはできたのではないか。

## 参考文献


[1] Andersen, C., A., & B., J., Bushman, 2002, "Human aggression," *Annual Review of Psychology*, 53, 27-54.

[2] Baugut, P., & Neumann, K., 2019, "How Right-Wing Extremists Use and Perceive News Media," *Journalism & Mass Communication Quarterly*, **96**(3), 696-720.

[3] Berkowitz, L., 1993, *Aggression: Its causes, consequences, and control.* New York, NY; McGraw-Hill.

[4] Blee, K., M., & K. A. Creasap, 2010, "Conservative and right-wing movements," *Annual Review of Sociology*, 36, 269-286.

[5] Buckels, E., E., & P., D., Trapnell, 2013, "Disgust facilities outgroup dehumanization," *Group Processes & Intergroup Relations*, 16, 771-780.

[6] Chadwick, A., 2013, 2017, *The hybrid media system :politics and power, 2nd. edition*, Oxford University Press.

[7] Clore, G., Schwartz, N., & M., Conway, 1994, "Affective causes and consequences of social information processing," In R., S., Wyer & T. K. Srull (Eds.), *Handbook of social cognition* (pp.323-417), Hillsdale, NJ: Erlbaum.

[8] Edgerly, S., and Emily K. Vraga, 2020, "Deciding What's News: News-ness As an Audience Concept for the Hybrid Media Environment," *Journalism & Mass Communication Quarterly*, **97**(2), 416-434.

[9] 遠藤晶久 , 三村憲弘 , 山崎新 , 2017,「熟議を条件付けるイデオロギー対立――反論提示実験による検証」『レヴァイアサン』61 号 , 115-136.

[10] イーストン・デイビット , 1968,『政治分析の基礎』（岡村忠夫訳）みすず書房 .

[11] Griffin, R., J., Yang, Z., J., ter Huurne, E., Boerner, F., Oritz, S., & S., Dunwoody, 2008, "After the flood: Anger, attribution, and the seeking of information," *Science Communication*, 29, 285-315.

[12] Ha, Louisa, 2019, "Reviewer Training Curriculum and the Art and Science of Reviewing," *Journalism & Mass Communication Quarterly*, 96(3), 669-671.

[13] Hwang, H., Pan, Z., & Y., Sun, 2008, "Influence of hostile media perception on willingness to engage in discursive activities: An examination of mediating role of media indignation," *Media Psychology*, 11, 76-97.

［14］ 茨木正治 , 2018,「「極化」報道の実証研究（ミクロ）――2012 年 8･9 月の日韓報道の極化」（上村崇・塚本晴二朗編『「極化」現象と報道の倫理学的研究』印刷学会出版部　所収）pp.83-116.
［15］ 池田謙一 , 小林哲郎 , 2017,「オンライン･ディスカッションは政治的寛容性をもたらすか――意見と世代の異質性に関する実証研究」『レヴァイアサン』61 号 , 32-60.
［16］ 今井亮佑 , 日野愛郎 , 千葉涼 , 2017,「熟慮の質に関する指標化の試み――Reasoning Quality Index（RQI）と Argument Repertoire（AR）の比較を通して」『レヴァイアサン』61 号 , 61-93.
［17］ Jamieson, K., H., & J., N., Cappella, 2008, Echo chamber: Rush Limbaugh and the conservative media establishment. New York, NY: oxford University Press.
［18］ 鹿毛利枝子 , 2017,「（特集の狙い）『熟議』をめぐる実証研究」,『レヴァイアサン』61 号, p6-8.
［19］ 神島二郎 , 1961,『近代日本の精神構造』岩波書店 .
［20］ 金山富貴子 , 2016,「組織や集団内における対人嫌悪」『心理学ワールド』74, 13-16.
［21］ Kepplinger, H., M., & S., Glaab, 2007, “Research note: Reciprocal effects of negative press reports,” *European Journal of Communication*, 22, 337-354.
［22］ Kim, N., 2016, “Beyond Rationality: The Role of Anger and Information in Deliberation,” *Communication Research*, **43**(1), 3-24.
［23］ Larsson, A., O., 2019, “News Use as Amplification: Norwegian National,Regional, and Hyperpartisan Media on Facebook,” *Journalism & Mass Communication Quarterly*, **96**(3), 721-741.
［24］ Levendusky, M., 2013, “Partisan media exposure and attitudes toward the opposition,” *Poltitical Communication*, 30, 565-581.
［25］ Lu, Y., and J., K., Lee, 2019, “Partisan Information Sources and Affective Polarization: Panel Analysis of the Mediating Role of Anger and Fear,” *Journalism & Mass Communication Quarterly*, **96**(3), 767-783.
［26］ Mackie, D., M., Devos, T., & E., R., Smith, 2000, “Intergroup emotions: Explaining offensive action tendencies in intergroup context,” *Social Psychology*, 79, 602-616.
［27］ Mackie, D., M., & E., R., Smith, 2015, “Intergroup emotions,” In M., Mikulincer, & P., R., Shaver (Eds.), *APA handbook of personality and social psychology, Vol.2: Group processes* (pp.263-293). Washington, DC: American Psychological Association.
［28］ Marcus, G., E., 2002, *The sentimental citizen: Emotion in demodratic politics.* University Park: Pennsylvania State University Press.
［29］ Mellado, C., Hellmueller, L., Marquez-Ramirez, M., Humanes, L., Sparks, C., Stepinska, A., Pasti, S., Schielicke, A., Tandoc, E., & Wang, H., 2017, “The hybridization of journalistic cultures: A comparative study of journalistic role performance,” Journal of Communication, 67(6), 944-967.

[30] 宮原浩二郎 , 2005,『「論力」の時代　言葉の魅力の社会学』勁草書房 .
[31] 宮本常一 , 1984,『忘れられた日本人』岩波文庫 .
[32] Mudde, C., 2000, *The ideology of the extreme right*, Manchester, UK: Manchester University Press.
[33] ムフ , C. 2008,『政治的なものについて　闘技的民主主義と多元主義的グローバル秩序の構築（ラディカル・デモクラシー）』明石書店 .
[34] Nabi, R., 2002, "Anger, Fear, Uncertanity, and Attitudes: A Test of the Cognitive-Functional Model," *Communication Monographs*, **69**(3), 204-216.
[35] 縄田健吾 , 2019,「集団間感情」（内山伊知郎監修『感情心理学ハンドブック』北大路書房　所収）p254-259.
[36] 日本感情心理学会 , 2019,『感情心理学ハンドブック』北大路書房 .
[37] 岡義達 , 1972,「政治」（フランク・B・ギブニー編『ブリタニカ国際大百科事典 11』ティービーエス・ブリタニカ）
[38] ラスウェル , H. D., 1954,『権力と人間』永井陽之助訳 , 東京創元社 .
[39] 篠原一（編）, 2012,『討議デモクラシーの挑戦　ミニ・パブリックスが拓く新しい政治』岩波書店 .
[40] Shirota, M., N., & J., W., Kalat, 2017, *Emotion (3rd ed.)*, Oxford University Press.
[41] Schillemans, T., 2014, "Reviews The hybrid media system :politics and power," *Public Adminstration*, **92**(4), 1106-1114.
[42] Schwartz, N., & G., Clore, 1988, "How do I feel about it? Informative functions of affective satates," In K. Fiedler & J., Forgas (Eds.), Affect, *cognition and social Behavior* (pp44-62). Toronto, Ontario, Canada: Hogrefe.
[43] Smith, C., & P., C., Ellsworth, 1987, "patterns of appraisal and emotion related to taking an exam," *Journal of Personality and Social Psychology*, 52, 475-488.
[44] 田中愛治 , 齋藤純一 , 西澤由隆 , 田部井滉平 , 2017,「熟議と熟慮――市民のニーズを探る新たな方法の模索」『レヴァイアサン』61 号 , 9-31.
[45] 田中幹人 , 2020,「科学とメディア」（藤垣裕子責任編集『科学技術論の挑戦 2　科学技術と社会――具体的課題群』東京大学出版会　所収）pp25-39.
[46] Tuchman, G., 1972, "Objectivity as Strategic Ritual: An Examination of Newsmen's Notions of Objectivity," *The American journal of Sociology*, **77**(4), 660-679.
[47] Turner, M., M., 2007, "Using emotion in risk communication; The anger activism model," *Public Relations Review*, 33, 114-119.
[48] 辻大介 , 2020,「ネットは『みんなの声』を伝えているか？――情報の選択的接触, エコーチェンバー,　世論の分極化」（石田佐恵子・岡井崇之編『基礎ゼミ　メディアスタディーズ』世界思想社　所収）p12-20.
[49] 縄田健悟 , 2019,「12 章　人間関係における感情　4 節　集団間感情」（日本感情心理学会 , 2019,『感情心理学ハンドブック』北大路書房　所収）p254-259.
[50] 縄田健悟 , 2015,「" 我々 " としての感情とは何か？」『エモーション・スタディーズ』1,

9-16
[51] 上淵寿, 大芦修, 2019,『新　動機づけ研究の最前線』北大路書房.
[52] Vallentino, N., A., Brader, T., Groenendyk, E., W., Gregorowicz, & V., L., Hutchings, 2011, "Election night's alright for fighting: The role of emotions in political participation," *Journal of Politics*, 73, 156-170.
[53] Wollehaek, D., Karlsen, R., Steen-Johansen, K., and B., Enjolras, 2019, "Anger. fear, and Echo chambers; The Emotional Basis for Online Behavior," *Social Media +Society*, **5**(2).
[54] Yang, J., Z., Chu, H., & L. Kahlor, 2019, "Fearful Conservatives, Angry Liberals: Information Processing Related to the 2016 Presidential Election and climate Change," *Journalism & Mass Communication Quarterly*, **96**(3), 742-766.
[55] 横山智哉, 稲葉哲郎, 2017,「ミニ・パブリックスにおける市民間の討議が寛容性に及ぼす効果――「外国人労働者の受け入れ政策」を争点として」『レヴァイアサン』61号, 94-114.
[56] Young, I., M., 1996, "Communication and the other: Beyond deliberative democracy," In S. Benhabib (Ed.), *Democracy and difference: Contesting the boundaries of the political*, (pp.120-135). Princeton, NJ: Princeton University Press.

# 第4章

# 望ましい議論に向けて

—— ジャーナリストがすべきこと ——

## 4.1 はじめに

本書では、まず以下のような問題提示をした。

ポスト・トゥルース時代といわれる昨今では、ネットを中心に真実であるかどうかに関係なく、ただ敵対する相手を攻撃するだけの意見を浴びせるような事象が問題となっている。賛否が分かれるような争点を議論しているうちに、極化現象が起きたとして、もし双方が対立する側を言い負かすだけのために真実であろうとなかろうとなりふり構わず、ただ攻撃的な意見を浴びせるだけ、というようなことが起こる時代になっているとすれば、議論をすること自体がある意味で非倫理的だ、ということになってしまう。しかしその一方で、もし社会的な争点があれば、全ての社会の成員が徹底的に納得いくまで議論をする。それが民主主義の原則なはずである。

本章では、以上の問題意識と第１章から第３章までの内容を踏まえて、正しい議論のためにジャーナリストがすべきこと、すなわち議論のためのジャーナリストの規範を検討する。そこでまずは、ジャーナリズムという活動が成立するための大前提を踏まえる。次に、ジャーナリズムを定義する。それに則って活動するジャーナリストのアプローチを四つに分類して、特に意見が対立して議論になりうるような問題を扱う際に、どのような対応が想定されるかを考察する。そこから日本におけるジャーナリストの規範を導き出したい。

## 4.2 「真実を述べること」と「信頼をえること」

トーマス・W・クーパーは、コミュニケーションの倫理に関わる比較研究の困難さを認めながらも、国際的な宣言やコミュニケーション法等の明文化されたようなものは、調査可能とし[1]、中でもメディアの倫理綱領は比較研究の最も有効な手段であると考えた[2]。その結果、真実・責任・表現の自由という三つの概念が、解釈や文脈上の問題があるものの、多くの倫理綱領に共通した原理でありうるとした[3]。

ヨーロッパの30カ国の31のメディア倫理綱領の内容を比較した研究では、「情報の真実、誠実、正確」と「誤報の訂正」は、90％の28の倫理綱領に規定されており、最も多くの綱領に共通する項目であることが見出されている[4]。

ジョン・C・メリルは、真実とは何かという問題があることを指摘しつつも、真実を追究することは、ジャーナリズムにとっての基本的な倫理的教義であり、義務倫理学に属するものとしている[5]。

エドマンド・B・ランベスは、真実という言葉は、ジャーナリストが明確に理解し尊重しなければならない多くの重要性を持つとする。そしてASNE原則声明の「ニュースの内容が正確で、偏見なく、事実に沿ったものであるということと、いかなる観点も公正に記述されるということを保証するためにあらゆる努力がなされなければならない」という規定の中の、特に「あらゆる努力」に注目する。つまり真実のために最善を尽くそうという姿勢を、ジャーナリストはとるべきと考える[6]。

クリフォード・G・クリスチャンズは、言語が社会を構成する主要な手段であるから、真実は最優先されなければならないもので、そうでなければ人間の存在は不可能であるとする。それゆえ真実を述べることは、生命の神聖不可侵というクリスチャンズ倫理学の原初的規範に伴う、基本的な原理の一つなのである。真実を述べるということは、メディアには選択の余地がない、自らの義務としてまっとうしなければならない規範なのである、とクリスチャンズは考える[7]。

ジャーナリズムという活動が、ニュースを伝える活動である限り、真実を伝えるということは大原則なのである。このように真実を伝えるということは、ジャーナリズムの倫理として世界共通のものといっていいだろう。まさに普遍的な規範といえる。そこでジャーナリストの行為規範の中で最も重要なものとして、真実を伝えることをあげることができるだろう。

では真実を伝えるということは、どういうことを意味するのだろうか。

ニュースになるような出来事の中には、多くの事実が含まれている。例えば殺人事件が起きたとする。容疑者は逮捕されるまでに、いろいろなことをしてきたはずである。夜の9時頃に殺人を犯したとすれば、食事も3回しただろうし、朝起きて歯を磨いたり、着替えたりしただろう。友人に会ったかもしれない。買い物に行ったかもしれない。しかし、そんなことをすべて報道するジャーナリストはいない。「当たり前だ」と思う人が多いだろう。しかし、それではなぜ殺人事件の容疑者が朝食に何を食べたかは、報道されないのだろうか。それは、ニュースになっている殺人事件という出来事の本質と関係ないからである。だから、もし朝食の中に何か特殊な成分を持つものがあって、それを食べたがゆえに容疑者は何か特別な症状を起こして殺人事件を起こしたとすれば、当然朝食は報道されるだろう。では個々の事実が本質と関係あるかないかを誰が判断しているのだろうか。それはジャーナリストである。つまりニュースを報道するという活動は、ジャーナリストがニュースになるような出来事の数多くの事実の中から、本質的なものを選び出して、それを伝えるという活動なのである。この活動を省略することは不可能である。なぜならば、新聞でも放送でも、情報を伝えるための時空間は限界があり、すべてのニュースとなる出来事の最初から最後までの全事実を伝える余裕はない。第1、その出来事の最初と最後を決めること自体が、ジャーナリストがニュースになるような出来事の数多くの事実の中から、本質的なものを選び出す活動である。真実を伝えるとは、そのような活動のことである。

それでは、ジャーナリストがニュースになるような出来事の数多くの事実の中から、本質的なものを選び出す活動とは、どういうことを意味するのだろうか。事実の中から本質的なものを選び出すということは、真実を伝えるということが、何を本質と考えるかという価値判断を伴うものである、ということを意味する。つまり、真実とはジャーナリストの価値判断に依拠したものということになる。

ということはジャーナリストが独りよがりの価値判断で、本質かどうかを判断しているとしたら、受け手の多くはそれを真実として受け入れない可能性がある、ということになる。逆にいえば、受け手がジャーナリストの伝えるニュースを真実と信じているのは、なぜだろうか。ジャーナリストの価値判断が正しい、と信頼しているからではないだろうか。つまりニュースを真実として受け入れられるかどうかは、ジャーナリストを信頼しているかどうかにかかっているのではないだろうか。もしある受け手が、ジャーナリストの価値判断を信頼していないとすれば、その受け手は信頼していないジャーナリストのニュースを受け入れるだろうか。トランプ大統領が、ある一定の新聞社や放送局のニュースをフェイク・ニュースとして、受け入れようとしないのは周知の通りだが、これと同じことである。信頼していないジャーナリストによるニュースは、その人にとっては真実ではないのである。

出来事の中の事実をまるごとすべて伝えるということができない限り、ニュースは常に部分的な事実でしかない。部分的な事実でしかない限り、その部分を選び出す活動を必要とする。その活動が、対象となる出来事の中からニュースとなるべき本質を選び出す活動である、として信頼されない限り、そのニュースは真実ではないのである。つまり信頼されていない限り、真実を伝えることはできないのである。ジャーナリストにとって、真実を伝えることは大前提だが、そのためには信頼される必要があるということである。ジャーナリストの規範として、真実を伝えることと信頼されることは、表裏一体の規範なのである。

## 4.3 ジャーナリズムの定義

真実を述べることと信頼をえること、この二つを大前提とした上で、ジャーナリズムの定義には、プレスの自由委員会の五つの要請をそのまま当てはめるのが、最適ではないかと考える。

プレスの自由委員会の考え方には、それを理論化した『四理論』の社会的責任論も含めて、肯定的な意見もあれば、否定的な意見もある。肯定的なものとして、社会的責任論をアメリカに特有なものと考えず、たまたまアメリカで生まれただけで世界に共通するグローバルなものと把握し、社会的責任論をワールドワイドに理解することが、ジャーナリストを国際的な理解や平和にコミットさせるという見解がある[8]。

一方、否定的なものとしては、まず社会的責任論が言論の自由に反するものである、とする批判がある。つまり、社会的責任論は自由を強調する代わりに、社会への責任を強調する。この理論でいう責任が、自由意志による協力ではないならば、それは結局、当該社会を統治する政府によってメディアに課されるということが、必然的なものである。プレスの自由は、正確で有意義な文脈において事実を報道するための社会的責任によって制限される。このような考え方は、プレスの行為を監視し「相応に」プレスが機能し続けるための規制システムの唱道へと導き、もしパワーエリートが当該プレスは責任あるものではないと決定したら、憲法修正１条でさえジャーナリストの自由を守れないということになる、という批判である[9]。

また『四理論』の類型の仕方に対する批判もある。『四理論』で最も注目すべき点は、著者達がもっと多くのことを知る必要があるのをいかに自覚していなかったか、ということであり、この書物がこれほど重要視された理由は謎であるが、西側で世界的な広がりで承認されていた冷戦の世界観を基礎として記述され、それゆえ権威を持つようになったと思われる。いずれにせよ、『四理論』が一つの共通理解をうち立てたための他のメディア・システムについての知識不足は、信頼のおけるグローバルな一般化の道へと進ませなかった、というものである[10]。つまり世界中の多くのプレス理論を除外している上に、冷戦期に刊行されたこの文献は、東西の政治的議論を避けることはできなかった、という批判である[11]。

ジャーナリズムが政治と関わる活動である限り、パワーエリートがその活動にいろいろな形で介入しようとする可能性は、常に存在する。前者の批判は、ジャーナリストの行為規範を考える上では大きな問題ではある。後者の批判の『四理論』のメディア・システムの類型が、冷戦時の西欧的な世界観に偏っているという指摘も、その通りである。前者の批判同様、メディアと国家の関係は重要であり、やはりジャーナリストの行為規範には大きな問題となりうる。

しかし、どちらの批判も制度論的な議論であって、ジャーナリズムという活動を定義するための議論ではない。ここでは一先ず制度論的な議論は置いておいて、ジャーナリズムという活動の定義をしたいのである[12]。そうした場合に、プレスの自由委員会の五つの要請が、ジャーナリズムという活動の意味として不適切であるという指摘はみあたらない。そこで、以下のように定義したい。

ジャーナリズムとは、社会の成員に対して、

1. 日々の出来事の意味がわかるような文脈において、そのような出来事の誠実で、包括的で、理性的な説明をすること。
2. 解説と批判の交換の場を提供すること。
3. 社会を構成する諸集団の代表的な実像を映し出すこと。
4. 社会の諸目標や諸価値を提示し、説明すること。
5. 日々の情報に十分に接触できるようにすること。

という五つのことをマス・メディア等を媒介して行う活動である。

そして、以上のように定義した上で、ジャーナリズムという活動に、社会において具体的にどのようにアプローチするかを加えれば、ジャーナリストの行為規範が決まってくるのではないだろうか。

## 4.4 ナショナリスティック・アプローチ

ナショナリスティック・アプローチは、ジャーナリズムがパワーエリートを中心に考えた国益に寄与すべき、という考え方が基本となる。国民と国家の関係に関しては、以下のような和辻哲郎の考え方があげられる。

我々はさらに国家自身の根本的な行為の仕方を理解することができる。それは万民をしておのおのその所を得しめると言い現わされているあの人倫の道である。万民が「所を得る」とは個人の生命と財産との安全が保障されるということではない。国家の包摂せるあらゆる人倫的組織がそれぞれ真に人倫的に実現されることである。そのためには生命や財産の安全もまた手段として必要であるではあろう。が、時にはかかる安全を犠牲としても人倫的組織を守らなくてはならぬ。究極の目的は人倫の道であって個人の幸福ではない。万民が人倫的にそのなすべきことをなし得る状態をもし万民の福祉と呼ぶならば、この福祉は快楽に還元せしめられる幸福とは全然質を異にしたものである。

万民に右のごとき所を得しめることを我々は正義と呼ぶことができるであろう。それはいかなる人もがそれぞれ私的存在を媒介として共同存在を実現し得るように、そうしてそれらの道の実現の統一として国家の成員たり得るように、仕向けることである。いかなる人にも同様に人倫的可能性を与えるという意味においてそれは平等の保証でもあるが、しかし平等のみが正義の内容ではない。それは同時に人倫的可能性の保証でなくてはならない。ところでこのような国家の保証を東洋では久しく仁政と呼んで来た。仁政とはただ人民に衣食住の安全を保証することなのではなくして、正しき統治により仁を国家的に実現すること、従ってあらゆる人倫的組織の実現を保証することであった。仁政の始まりと五倫の自覚的実現の努力とは常に結合して物語られた。してみると、正義が国家において実現せられるということと仁政が国家において行なわれるということとは実は一つなのである。[13]

以上のような考え方の下に、国家の根本的な規定である憲法に則って、国民は行動すべきということになる。ジャーナリストに関していえば、次のような取材・報道の自由論に関する「法的義務説」が、規範の根本となる。

> 法的義務説の特徴は，マス・メディア固有の社会的役割、すなわち社会における公開討論の場を設定し世論の形成を主導するという機能に着目して、取材・報道の自由をそれにふさわしい制度・装置として構成しようとするところにあります。したがって、この法的義務説をとる場合、マス・メディアに対してその地位にふさわしい特権（一般人の有さない自由）と責任（一般人の有さない義務）を付与することが当然に必要となり､マス・メディアの自由は自然人の自由とは異なる内容・構成をもつことになります。[14]

憲法 21 条の理念からジャーナリズムの位置づけを考えるものである。憲法 12 条は、「この憲法が国民に保障する自由及び権利は、国民の不断の努力によって、これを保持しなければならない。又、国民は、これを濫用してはならないのであって、常に公共の福祉のためにこれを利用する責任を負ふ」と規定されている。従って、ジャーナリストの役割は、社会の全成員の公共の福祉に寄与することである。しかし、公共の福祉の明確な定義はどこにも示されていない。国家は憲法に則って国政を行っているわけだから、当然公共の福祉のために行っていることになる。少なくとも、明確に違憲となるような国政を行わない限り、それを「公共の福祉のため」と主張することは可能であろう。ここでは国政を担う者をパワーエリートとしておく。すると、時のパワーエリートの考える公共の福祉、換言すれば国益がジャーナリストにとっても公共の福祉ということになる。ジャーナリストが公共の福祉を判断すればいい、という考えもありうるが、それでは法的義務やマス・メディアの地位にふさわしい特権を、ジャーナリスト自ら恣意的に判断できてしまう。その場その場では、ジャーナリストが自身で判断するにしても、何らかの判断基準は必要である。あるいはまた、国民に判断してもらうのかというと、時と場合にはよるだろうが、考えられうる多くの場合は国民の価値観が多様すぎて、日々のジャーナリズムという活動の判断基準にはなじまない。

このアプローチでいうナショナリズムとは、一般的な右翼的国家主義のみを意味するものではない。メリルの社会的責任論批判で述べられた、パワーエリートがジャーナリズムの社会的責任を規定する、という状況と同様のものである。ナショナリズムかどうかは、国家体制によって決まってしまうと考えがちだが、パワーエリートの考えを忖度するジャーナリストがいれば、どれほど言論の自由が保障されていても、このアプローチのジャーナリズムは存在する。また、パワーエリートが極めて優れた善政を敷いていれば、自然とこの状態になるかもしれない。パワーエリートの統治を支援し、その政策を後押しすることは、パワーエリートの側からすれば公共の福祉に適った行為であり、国益に寄与することである。ナショナリスティック・アプローチといって間違いないだろう。

和辻によれば公共性とは以下のようなものである。

> 一般に或る団体は、その秘密が隠さるべきものである限り、私的という性格を担っていると言ってよい。そうしてこれらの私的存在は、公共的存在とはちょうど反対に、その存在があらわになることを、すなわちその「公表」や「報道」を、拒むのである。従ってまたそれは、公表され報道されることによって、すなわち「暴露」されることによって、その私的性格を失い公共性を獲得するのである。
>
> 我々はこのような公共性が常に事の真相をあらわにしているというのではない。それはむしろ真相を覆う場所でさえもあるであろう。公表を拒んでいる私的存在の中へ推測や想像をもって入り込み、その拒絶の意に反してそれを公共性にもたらすのが、うわさとか新聞の報道とかの日々に繰り返しているところである。[15]

つまり私的存在に公共性をもたらすものが、公表や報道であり、従ってジャーナリストは私的なものであっても、公共性を付与する役割を担うのである。そこで問題になるのは、ジャーナリストの行為規範である。ジャーナリズムとは、社会においてなされるジャーナリストの活動である。そうである以上ジャーナリストの行為規範は、社会を構成する成員としての行為規範でなければならない。つまりジャーナリストとそれ以外の社会の成員との関係の中で、考えていかなければならないのである。そのような人と人との間柄を考察する和辻倫理学の文化共同体に関する記述は、ジャーナリズムの倫理学を考察する上で有効な手掛かりになると思われる。

和辻は文化共同体について述べる前に、言語に注目する。

> 言語は言語活動において作られ、言語活動は言語において行なわれるのであるが、しかし言語活動が相互了解性の表現である限り、言語が単に文化財の一つとしての地位にとどまることはあり得ない。すなわち言語は人間存在のあらゆるすみずみに行きわたり、人間の創作活動のあらゆる種類に関与する。芸術、学問、宗教、道徳など、すべて言語をもって形成するという契機を持たないものはない。[16]

このような言語に関する前提の上に、和辻は文化共同体に関する考察を進めるのである。

> 家族共同体や地縁共同体には当然言語の共同が含まれている。しかしこれらの共同体は言語の共同を基礎として成り立ったのではない。しかるにこれらの共同体の外にあって、言語が共同なるがゆえに成り立つ共同体がある。言語は最も普遍的な文化財であるから、我々はこの共同体を他から区別して文化共同体と呼ぶことができる。[17]

このように文化共同体を位置づけておいて、和辻は、文化共同体における人と人との間柄を、「友人」「友情」という概念を用いて説明する。

> たとい友情の概念が茫漠としているとしても、少なくともそれを家族愛や隣人愛から区別する方が、友情の現象に対しては忠実であると我々は考える。しからば家族共同体や地縁共同体を超えて文化共同体を考える場合に、これを友人的合一として取り扱うのは、きわめて妥当ではなかろうか。前には土地の共同を最も端的に示すものとして「隣人」をあげた。そのようにここでは文化の共同を最も端的に示すものとして「友人」を捕える。

前には隣人的存在共同が土地の共同体の本質的特徴を示すと考えたが、ここでも友人的存在共同は文化共同体の本質的特徴を示すものとして取り扱われる。[18]

そして和辻は、「友人」の道が「信」と呼ばれたことに注目する。

信は「まこと」(真実)でありまた「まこととすること」(信頼)である。すなわち我々が人間の行為の根本的な理法として説いた信頼と真実にほかならぬのである。それは行為の仕方の根本的なものなのであるから、人間の存在共同のどの段階をも貫ぬいて存している。しかし家族的、地縁的等のさまざまの段階に現われるときには、それに応じてそれぞれ特殊の名をもって呼ばれた。たとえば妻の信は貞操であり、子の信は孝行であり、弟の信は悌順であった。しかるに友人はこれらの種々な限定を超えて最も開放的な、最も閉鎖的でない人間関係に立っている。そこで人間行為の根本理法たる信は、特殊な名に現われることをやめて端的に己れを現わして来たのである。この点より言えば友人の道は最も一般的な人間の道なのであって、特に友人的として限定されたものではない。が、また逆に言えばかく限定されないということがまさに友人の道の特徴なのである。だから模範的に示された友人の道はまた人間の道の模範になる。[19]

ジャーナリズムとは、言語を使ってニュースを伝達する活動である。従って、和辻のいう文化共同体に含まれるものであると思う。その文化共同体の道を和辻は信とした。つまりジャーナリストは、真実を述べることと信頼をえること、この二つを大前提とした上で、公共の福祉に寄与するよう努めるのである。

## 4.5 リバタリアン・アプローチ

所謂「思想の自由市場論」を基本的な考え方とする。代表的なものとして、ジョン・スチュアート・ミルの次のような主張がある。

> 意見の発表を沈黙させることに特有の害悪は、それが人類の利益を奪い取るということなのである。すなわち、それは、現代の人々の利益を奪うと共に、後代の人々の利益をも奪うものであり、また、その意見を懐抱している人々の利益を奪うことはもとより、その意見に反対の人々の利益をさらに一層多く奪うものである、ということである。もしもその意見が正しいものであるならば、人類は誤謬を棄てて真理をとる機会を奪われる。また、たとえその意見が誤っているとしても、彼らは、これとほとんど同様に重大なる利益——即ち、真理と誤謬との対決によって生じるところの、真理の一層明白に認識し一層鮮かな印象をうけるという利益——を、失うのである。[20]

人間はいかなる権威からも独立して君臨し、個人はそれ自体が目的であるという考え方である。自律は人間性の核であり、生活の中心をなす理想である。自己決定が最高善となるのである[21]。従って、ジャーナリストの役割は、社会の個々の成員の自由な権利行使に寄与することである。

ジャーナリストも言論の自由を保障された一個人であるから、意見を述べることにおいては、ジャーナリストも受け手たる他の社会の成員も変わりはない。ただし、デモクラシーの前提として、すべての社会の成員が、自由で平等に意見を述べる権利を行使できることが求められる。それを阻害するようなパワーエリートの権力の濫用は、許されない。そのような濫用が起きないようにチェックする、ウォッチドッグの役割が、ジャーナリストに求められる最も重要な役割である。ジャーナリストは、ウォッチドッグの役割を中心に、社会の個々の成員の言論の自由と知る権利に資するために、真実を、偏向せず、十分に、公正に報道することを使命とする。

このようなジャーナリストの規範となるのは、イマニュエル・カントの義務倫理学である。カントは、我々の行為の指針のために採用すべき、具体的な倫理学的規則を決定するための必然的原理として「君の意志の格律が、いつでも同時に普遍的立法の原理として妥当するように行為せよ[22]」という「定言的命法」を提示した。要するに、カントは、人が同じ状況にあれば、誰もが応用すべきものを自分の規則にするよう気をつけるならば、倫理的に行為している、とするのである。義務論にとって重要なものは、行為がなされてきた原理である。格律を適用するためのテストは、結果から独立したものでなければならない。定言的命法は、ジャーナリストが行為するすべての格律をテストすることを、当該ジャーナリストに許すであろう原理や一般的規則である。定言的命法は、特定の事例で応用される特定の規則について、考える指針となるよう奉仕する。もしジャーナリストが定言的命法を受け入れるならば、当該ジャーナリストは、自身が従うための特定の規則や指針を思い続ける必要はない。当該ジャーナリストがさまざまな場合に、定言的命法のテストを通過するならば、それに基づいた行為は倫理学的に健全であり、当該ジャーナリストは有徳であると考えられるのである[23]。

もし我々が、カントに例証されるような倫理学の絶対的な理論を投げ出すならば、その場合道徳性の議論は好みや勝手な選択といった、分別の類とはかけ離れた議論にしかならない。「これは正当なジャーナリズムの決定である」という見解は、まさにある人が、ただ「私はこの決定が好きだ」ということを意味するに過ぎない。倫理学が相対主義の形をとれば、状況が倫理学を支配することになり、文脈が正誤を決定するということである。相対主義は、その個人主義的な雰囲気のために興味をそそるけれども、拒否しなければならない。相対主義は、全く倫理学的な立場ではない。むしろ相対主義は「非倫理学」または「反倫理学」である。倫理学の問題が客観主義、すなわち状況や文脈へと希釈される時、その問題は倫理学としてのすべての意味を失うのである。それではジャーナリストの倫理学は、「個人的なもの」であるべきなのだろうか。それとも「集団的に是認」された社会的な道徳性や規範である綱領、信条、標準、その他集団的に決定された協定等によるべきなのだろうか。要するに、ジャーナリストは自分自身の倫理綱領を決定すべきなのだろうか、それとも集団の価値を受け入れるべきなのだろうか。今日ジャーナリズムの世界のあちこちで、オンブズマン、プレス評議会、プレス・コートのような機関が存在する。このような機関や調停者は、個人的自律的倫理学ではなく、社会的に圧力をかけられ強制される倫理学の傾向をもつものである[24]。

ジャーナリストにとって自律は最高の価値であり、自己以外の決定に従う者は自身を裏切り、自らの本質や本来性を喪失する。ゆえに自由はジャーナリズムの中心をなす問題である[25]。人は自分で自分の行為を決定する選択ができなければ誠実さを保つことはできない。選択という行為を構成するものは、人の最も本質的なものである。選択は自由の結果であり、換言すれば選択は自由な雰囲気においてのみ実際の意味を持つ。人が自分の生活をしている時、生活の価値はその人がその生活の中に注いだものによって判断される。価値は人の個人的自由の投影である。自由は人の本質を構成するものとほぼ同義であり、人の最も基本的な欲求は独立のための、自由な選択である。自由の拠り所は責任である。人は自分自身のために、あるいはその人の行為や行為の結果に責任を持つ。他の誰もその人のことのために責任は取れない。各自は自由に行為しなければならないし、その行為の責任を受け入れなければならない[26]。

## 4.6 リベラル・アプローチ

次の『正義論』におけるジョン・ロールズのような主張を、基本的な考え方とする。

> すべての人びとは正義に基づいた〈不可侵なるもの〉を所持しており、社会全体の福祉〔の実現という口実〕を持ち出したとしても、これを蹂躙することはできない。こうした理由でもって、一部の人が自由を喪失したとしても残りの人びとどうしでより大きな利益を分かち合えるならばその事態を正当とすることを、正義は認めない。少数の人びとに犠牲を強いることよりも多数の人びとがより多くの量の利便性を享受できるほうを重視すること、これも正義が許容するところではない。[27]

全ての社会の成員に保障された権利は、平等に行使できるようにすることが、正義なわけである。しかしプレスの自由委員会には以下のような問題意識があった。

1. 人々に対するプレスの重要性は、マス・コミュニケーションの手段としてのプレスの発展と共に、著しく増大してきた。同時に、マス・コミュニケーションの手段としてのプレスの発展は、プレスを通じて自らの意見や考えを表現することができる人々の割合を、著しく減少させてきた。
2. マス・コミュニケーションの手段としてのプレスという機構を使用できる僅かな人々は、社会の必要に対して十分にサービスを提供してこなかった。
3. プレスという機構の管理者は、時々社会が非難し、もし継続すれば規制や統制を不可避的に受けるようなことをしてきた。[28]

言論の自由を保障するだけでは、社会の個々の成員は、その権利を行使できなくなっているという認識である。そこで登場してくるのが、次のような「社会的責任論」という考え方である。

> 自由はつねに義務をともなっているものであって、われわれの政府のもとで特権的地位を享受しているプレスは、社会にたいして、現代社会におけるマス・コミュニケーションの一定の基本的な機能をはたす責任を負うよう義務づけられている。プレスがその責任を認め、それを運営政策の基盤にするばあいにはじめて、自由主義制度は社会の必要を充たすであろう。もしプレスがその責任を考えぬばあいには、マス・コミュニケーションの基本的機能がはたされているかどうかを、なんらかの別の機関が調べるべきである、ということである。[29]

ジャーナリストの役割は、社会の全成員の平等な権利行使に寄与することである。ジャーナリストは、社会の全成員が言論の自由の権利を平等に行使できるようにする責任があり、そのための特権的地位を有する。つまりジャーナリストは、社会の全成員の言論の自由の権利行使のための受託者なのである。ジャーナリストの行為規範は、受託者として、社会の各成員が自らの意見形成に必要な情報を伝え、自らの意見表明ができない社会の成員の代弁者として多様な意見を取り上げる、ということである。

## 4.7 コミュニタリアン・アプローチ

次のような「権利の政治学批判」を基本的な考え方とする。

個人の権利の政治学においては、公正の過程は共通善の概念を上回る優先権を持つが、そのためには、我々個々人のアイデンティティが歴史や文化から分離して確立されうる、ということを前提とすることによってのみ、我々はそのような優先権を受け入れることができる。しかし、我々人間のアイデンティティは、善の社会的な概念の中で構築されるから、我々は個人の権利を政治的秩序の礎石にはできない。このような公正としての正義に基づく個人の権利が、共通善に優先することは、否定されるべきである。なぜならば、個々人の権利は、個々人のアイデンティティの確立なくして、存在しえない。しかし、個々の人間のアイデンティティというものは、自らを取り巻く歴史や文化等の中から、確立されていくものである。ところが、共通善もまた歴史や文化等の中で確立していくものである。そうであるとすると、権利が共通善に優先するということは、権利は歴史や文化等と別個に確立するということである。要するに、個々人のアイデンティティの確立よりも先に、個々人の権利が確立するということは考えられないから、個人の権利が共通善に優先するということは考えられない、ということである。何が保護する価値であるかは、人間のアイデンティティや利害といったものの枠組みとなる、特定の社会状況の中でのみ確かめることができる。我々の個性は、どこからともなく形づくられるのではない。我々は、価値や意味が前提とされ、それらの交渉が行われる、社会文化的な世界の中に生まれるのである。社会システムとしてのコミュニティは、その居住者よりも先から存在し、その居住者が去った後も持続する。それゆえ、道徳的に適切な行為はコミュニティに向けたものである。もし我々の自由が他者の繁栄の助けとなっていなかったならば、我々自身の福祉は否定されるのである。我々の達成感とは、決して孤立して到達できるものではなく、人間の結びつきを通じてのみ到達できるものである[30]。

リベラリズムの観点からすれば、自我が達成目標を選択するのであって、あらかじめ達成目標が設定されているのではなく、まず自我が存在し、その自我が数多くのものの中から目的を選択するのである。しかし我々のアイデンティティというものは、どこからともなく降って湧いてくるものではない。各自が生まれたコミュニティにおいて形成されるのである。そして、そのコミュニティには、独自の歴史や文化がある。我々は、自らが生まれ育ったコミュニティの歴史や文化を前提としたアイデンティティを確立する。自我が、このコミュニティを前提としたアイデンティティと切り離されることはない。一方、リベラリズムが達成目標と位置づける善も、コミュニティの歴史や文化を前提として形づくられる。したがって、自我と達成目標としての善は、別個のものとして存在することはありえない。我々が、価値や意味が前提とされ、それらの交渉が行われる、社会文化的な世界の中に生まれる以上、自我と善は別個に存在しえない。自由で平等な権利を保証するだけでは、価値としての善の衝突を避けることはできない。そこで必要なものは、共通善なのである。

従って、ジャーナリストの役割は、社会の全成員の共通善に寄与することである。このようなジャーナリストの規範となる理論が、次のような「トランスフォーマティブ・ジャーナリズム論」である。

リベラリズムにおいて、ジャーナリズムの中立性は個人の自由のために必要である。個人の自由を至上のものとして保障するために、社会の基本的な制度は、善というような相対的に異なるような概念について中立的であるべきなのである。社会の成員は、多数決原理により、善き生活の概念を自由に選べるべきなのである。しかし、コミュニタリアニズムにおいて、ジャーナリズムの使命は、中立的なデータを偏りなく報道することではなく、社会の成員のトランスフォーメーションである。受け手に正しい資料を供給するばかりでなく、ジャーナリズムの最終的な目的は、道徳的リテラシーを持たせることである。ジャーナリストは、コミュニティ発展の担い手であって、単なる客観情報の伝達という、ニュースに関する主流の規範は、否定されるべきである。コミュニティの生活を活気づけるために、ジャーナリストは、責任ある行為とは何かというようなことを理解し、説明する必要がある。ニュースを客観的な情報と考えることは、グローバルな時代における文化的政治的複雑さに対しては、狭義に過ぎる。ジャーナリズムの使命は、知識そのものではなく、コミュニティの活力を生み出すことである。問題なのは、社会の成員が自らの社会を改善するには何が必要か、どうすれば達成されうるのか、ということである。ジャーナリズムの主な使命は、ウォッチドッグの役割ではなく、コミュニティに基づく報道である。それは、表明された社会の成員の態度、定義、言語等に共鳴するものである。パワーエリート等によって定義された、上意下達の争点を提示される存在ではなく、社会の成員は積極的で責任あるものと考えられるのである。コミュニティが、直面する問題自体に対応することを可能にする我々の道徳的判断基準は、コミュニティによって引き出され、共有された討議を通じて育まれるものである。ジャーナリズムが、ニュース、社説、特集記事、調査報道等において道徳の範疇を扱う時、その内容はコミュニティの中で深く認識されている必要性と、見合ったものになるのである[31]。

この考え方からすると、多数決で 51% が賛成すれば、49% は不本意でも沈黙しなければならない社会をデモクラシーとは考えない。すべての社会の成員が、熟議に参加し共通善を見出せる社会が、デモクラシーといえるのである。そのために個々の成員が熟議に参加できるように、トランスフォームするのが、ジャーナリズムの役割である、

## 4.8 インターネットの登場による状況の変化

インターネットの登場と SNS の隆盛により、誰もが情報発信者になれる時代となった。大きな災害の第一報が、たまたまその場に居合わせた人のスマホからの映像や実況であることは、珍しいことではない。ツイッターのつぶやきが、世論に影響を与えた事例もみられる。趣味でニュース・サイトを運営している人も少なくない。今や、専門職としてのジャーナリストでなくとも、既述の定義のよ

うなジャーナリズムと思われる営みに参与することは可能である。ジャーナリズムは、新聞記者や放送記者だけの専売特許ではなくなったのである。

しかし、それゆえに、なぜジャーナリストは専門職であるべきと考えられたのかを確認しておく必要がある。例えば、プレスの自由委員会の問題意識にみられるように、情報発信者としてメディアにアクセスできる者が限られていたから、という背景があるのは事実である。もしそうした技術的な背景のみが理由であれば、あるいは現在、ジャーナリズムは規範理論など必要とするものではなくなった、ということになるかもしれない。しかし果たしてそうだろうか。

大変大雑把だが、例えば、誰もが自由で平等に意見をいい合うことができれば、従来からのジャーナリズムの役割は果たせるとしよう。そして現在、誰もが自由で平等に情報を受発信できる状況になっているとしておこう。それだけで、我々は自由で平等に意見をいい合うことができるだろうか。

我々の重要な人権が脅かされるかもしれない事態が、パワーエリートによって巧みに進められていたとしよう。普段我々はそのような事態になっていることを何から知るのだろうか。政治、経済、国際等の諸問題について、独自に各情報源から情報収集しているだろうか。諸問題に関する事実関係は収集できたとして、それが自分にとってどのような問題に繋がるのか、いかなる解説も参考にすることなく、独自に判断しているだろうか。自分の身のまわりで何が起きていて、いつまでにどのように対処しないと、自分がどうなってしまうのか、どのようなことについて情報を獲得する必要があり、どのような発言をどのような場ですべきか、自分自身で確認できるだろうか。

どのような意見をいうべきかは判断できたとして、平等に情報の受発信ができることを技術的に保障されただけで、我々は自由で平等に発言できるのだろうか。「罵り合い」のようになってしまった議論に、自由で平等に参加できるだろうか。

既述の定義に使用したプレスの自由委員会の五つの要請は、なぜ導き出されたのだろうか。民主的な制度であるためには、立法・司法・行政の三権だけでは足りず、第4の権力としてのジャーナリズム、すなわちジャーナリズムの制度的な役割が必要だと考えたからであった。そうであるならば、技術的な面で誰もがジャーナリストと対等であるということと、ジャーナリズムの制度的役割が必要かどうかということは、話が別である。

ジャーナリズムが制度的役割を持つものであるとすれば、それを担うジャーナリストが、新聞社や出版社に勤める専門職であるか、報道機関に所属しているわけではないユーチューバーであるか、というようなことは問題ではない。ジャーナリズムという制度的役割に相応しい行為を、行っているかどうかが問題なのである。ジャーナリズムの定義は既に述べたが、より単純化して一言でいってしまえば「正しい議論の支援」ということだろう。そのような行為に携わる者には、専門職であるかどうかに関わりなく、相応の規範に則る必要があるということである。このことは、インターネットの登場による状況の変化をもってしても、何ら変わってはいないのである。

## 4.9 おわりに

ジャーナリストが、対立する議論になるような出来事を報道する場合、真実を伝えることは当然である。しかしその真実の伝え方のスタンス、特に意見の取り上げ方としては、各アプローチによって異なる。ただし、ここで述べるのは、現代の日本についてのことであるから、既に確立している日本国憲法の解釈を全く無視したものにはなりえない、ということは確認しておく。

ナショナリスティック・アプローチは、公共の福祉の観点からジャーナリズムという活動を行う。意見が対立している場合は、公共の福祉の観点から事実と意見等を取り上げる。逆にいえば公共の福祉に反する事実や意見は取り上げない、ということになる。現行の日本国憲法の解釈による限り、パワーエリートの気に入らないような議論は無視していいという話にはなりえないが、公共の福祉の判断基準がパワーエリートからみた国益になってしまいがちなことは既述の通りである。

リバタリアン・アプローチは、カントの定言的命法を踏まえていることを前提に、個々のジャーナリストが正しいと考えるところの、ジャーナリズムという活動を行う。意見が対立している場合は、ジャーナリストが必要と考える事実と意見等を取り上げる。社説等を使って、個々のジャーナリストが正しいと考える意見を積極的に主張する。

リベラル・アプローチは、社会の全成員の受託者という観点からジャーナリズムという活動を行う。意見が対立している場合はその時点で存在する意見は、できる限りすべて詳細に取り上げる。各意見に関して客観的に報道する姿勢を取る。

コミュニタリアン・アプローチは、社会の全成員がしっかりとした考えを持って共通善を追求できるようにする、という観点からジャーナリズムという活動を行う。意見が対立している場合は、社会の全成員が議論に参加できるようにすることを考えて報道する。どのような意見が、コミュニティにどのような影響を及ぼすのか、という解説や司会的な意見の整理の要素を持った報道が主になる。

以上のように、どのようなアプローチをとるかによって、ジャーナリストの行為規範も決まってくるのである。このように述べてしまうと、結局ジャーナリズムの規範とは、全く相対的なように思えるかもしれない。しかしそうではない。ジャーナリズムの制度的役割は、社会の全ての成員に、正しい議論の「場」を共有させることである。そういう点で、普遍性が求められるのである。既述のように、誰もが情報発信をできる状況の中では、誰もがジャーナリストの役割を担えることになってしまう。だからといって、自らに都合のいい事実によって、偏った主張や対立する相手を罵るだけのような意見ばかりを取り上げていれば、罵り合いのような議論が展開されることになる。そのため、ジャーナリストはどのアプローチをとるにせよ、真実を述べるということと、信頼をえるということは大前提なのである。

だとすれば、単なる罵り合いと化している議論の一方に肩入れするような報道をすれば、もう一方の信頼をえられなくなるのは当然である。また、その議論の中で主張されているそれぞれの意見が、なぜ何のために必要なのかを正しく伝えていなければ、真実を伝えたことにはならない。さらには、既述のジャーナリズムの定義にも当てはまらなくなってしまう。

つまり、ジャーナリストが、対立する議論になるような出来事を報道をする場合、どのような出来事を大きく扱うかとか、どのような出来事については社説等で明確に意見を述べるか、というような点でアプローチによる差は出る。まして、どのような結論であるべきかということに関すれば、個々のジャーナリストに全く相違がみられない、ということはないだろう。しかし、当該議論の議長役や司会役として、議論を正しく展開させるというのは普遍的な規範といえるだろう。

ただし、趣味のレベルのブロガーに「規範に則るべき」といってみたところで、「私の勝手だ」といわれる可能性は否めない。それを非難する権利は誰にもないかもしれない。そういう意味では、ジャーナリズムや正しい議論とはどのようなもので、それに関わる規範とはどのようなもの、ということは教育によって浸透させるべきものかもしれない。誰もが情報受発信者になりうる昨今、正しい議論とジャーナリズムの役割というテーマは、大学のジャーナリズム関係学部・学科はいうに及ばず、初等、中等教育にさえも重要な位置を占めるべき教育テーマとなっているのである。

## 注

〔1〕Cooper, Thomas W. (1989) "Global Universals: In Search of Common Ground."in Cooper, Thomas W., Christians, Clifford G., Plude, Frances Forde, & White, Robert A.(eds.), *Communication Ethics and Global Change.* New York: Longman. pp.22-26.

〔2〕Ibid., pp.30-31.

〔3〕Ibid., pp.31-37.

〔4〕Laitila, Tiina (1995) "Codes of Ethics in Europe."in Nordenstreng, Kaarle(ed.) *Reports on Media Ethics in Europe.* University of Tampere. pp44-46.

〔5〕Merrill, John C. (1997) *Journalism Ethics: Philosophical Foundations for News Media.* New York: St. Martin's Press, Inc. pp.174-177.

〔6〕Lambeth, Edmund B. (1992) *Committed Journalism: An Ethic for the Profession,* 2nd ed. Bloomington: Indiana University Press. pp.24-27.

〔7〕Christians,Clifford G. (1997) "The Ethics of Being in a Communication Context." in Christians, Clifford. & Traber, Michael(eds.) *Communication Ethics and*

*Universal Values.* Thousand Oaks: Sage Pub.Inc. pp.13-14.
[8] Nordenstreng, Kaarle & Christians Clifford G.(2004)"Social Responsibility Worldwide."Journal of Mass Media Ethics, Vol.19, No.1, p.25.
[9] Merrill, John C. (1974)(reprint 1990) *The Imperative of Freedom: A Philosophy of Journalistic Autonomy*. New York: Freedom House. p.86-87.
[10] Curran, James & Park, Myung-jin (2000=2003)"Beyond globalization theory" In Curran, James & Park, Myung-jin (eds.) *De-Westernizing Media Studies.* London: Routledge. pp. 3-4.（杉山光信・大畑裕嗣訳『メディア理論の脱西欧化』勁草書房、2-4 頁）
[11] Ward, Stephen J.A.(2015) Radical Media Ethics: A Global Approach. Chichester: Wiley Blackwell. p.63.
[12] 例えば、清水幾太郎の「一般の大衆にむかって、定期刊行物を通じて、時事的諸問題の報道および解説を提供する活動」（清水幾太郎 (1949)『ジャーナリズム』岩波書店、28 頁）という定義の「定期刊行物」を「マス・メディア等」とでも修正すれば、もっと簡単な定義ができあがる。しかしこれでは新聞記者や放送記者の仕事の定義にはなるかもしれないが、規範理論としてのジャーナリズム論のジャーナリズムを定義したことにはならないと考える。
[13] 和辻哲郎 (2007)『倫理学（三）』岩波書店、56-57 頁。
[14] 大石泰彦 (2004)『メディアの法と倫理』嵯峨野書院、21 頁。
[15] 和辻哲郎 (2007)『倫理学（一）』岩波書店、228-229 頁。
[16] 和辻哲郎 (2007)『倫理学（二）』岩波書店、374 頁。
[17] 同書 371 頁。
[18] 同書 424-425 頁。
[19] 同書 434-435 頁。
[20] Mill, John Stuart (1859=1971)(reprint 1946) On Liberty. Oxford: Basil Blackwell. pp.14-15.（塩尻公明・木村健康訳『自由論』岩波書店、36-37 頁）。ただしミルの思想がリバタリアニズムの代表的なもの、という意味ではない。
[21] Christians,Clifeord G., Fackler, Mark & Ferré,John P.（2012）*Ethics for Public Communication:Defining Moments in Media History,* New York: Oxford University Press. p.x.
[22] Kant, Immanuel. (1788=1979) Kritik der praktischen Vernunft, in: Ernst Cassirer (Hrsg.) *Immanuel Kants Werke,* **Bd. 5.** Berlin: 1922, S.35.（波多野精一・宮本和吉・篠田英雄訳『カント　実践理性批判』岩波書店、72 頁）。
[23] Merrill, John C. (1974)(reprint 1990) *The Imperative of Freedom: A Philosophy of Journalistic Autonomy.* New York: Freedom House. pp.164-166.
[24] Ibid., p. 168-170.
[25] Ibid., p. 203.
[26] Ibid., pp. 188-189.

〔27〕 Rawls, John (1971=2010) *A Theory of Justice.* Cambridge: Harvard University Press. p.3-4.（川本隆史・福間聡・神島裕子訳『正義論』紀伊國屋書店、6 頁）。
〔28〕 Commission on Freedom of the Press (1947)(reprint 1974) *A Free and Responsible Press: A General Report on Mass Communication: Newspapers, Radio, Motion Pictures, Magazines, and Books.* Chicago: University of Chicago Press, p. 1.
〔29〕 Siebert, Fred S., Peterson, Theodore & Schramm, Wilbur(1956=1959) *Four Theories of the Press: The Authoritarian, Libertarian, Social Responsibility, and Soviet Communist Concepts of What the Press Should Be and Do.* Urbana: University of Illinois Press. p.74.（内村芳美訳『マス・コミの自由に関する四理論』東京創元社、133 頁）。
〔30〕 Christians, Clifford. (2006) "The Case for Communitarian Ethics."In Land, Mitchell & Hornaday, Bill W.(eds.)(2006) *Contemporary Media Ethics.* Spokane: Marquette Books. pp.61-62.
〔31〕 Christians Clifford G.(2015) "The Communitarian Perspective." In Babcock. William A. & Freivogel, William H. (eds.) *The SAGE Guide to Key Issues in Mass Media Ethics and Law.* Los Angeles: Sage. pp.38-40.

# 第5章

# 望ましい議論に向けて

―― 教育ですべきこと ――

民主主義を語りながら、人々には沈黙を強要することは茶番劇のようなものだ。

ヒューマニズムを語りながら、目の前の人間を否定するなどということは、単なるうそつきのやることである。

パウロ・フレイレ[1]

## 5.1 はじめに ―― モラル過剰の時代

### 〔1〕正義を振りかざす時代

日本社会のモラルの低下が叫ばれて久しい。実際に日本社会のモラルが低下しているかどうか判断するためには詳細な分析が必要であるが、NHK が 2006 年に実施した「日本人のモラルに関する意識調査」では、77% の人々が日本人のモラルは「低い」と答えており、10 年前と比べて日本人のモラルは低くなったと回答している割合は 68% に上っている[2]。

しかしいまほどモラル過剰の時代も珍しいだろう。Covid-19 の感染拡大を防ぐために発令された緊急事態宣言のなか、自粛要請に応えない人々や店舗を厳しく非難する自粛警察の活動が目立つようになってきた。マスクをつけていない人を非難するマスク警察なるものも現れている。彼、彼女たちは「自粛警察」や

「マスク警察」という自覚はなく、コロナの感染拡大を防ぎたいという正義感で行動している場合が多い[3]。しかし、「何考えてんだバカヤロー」、「コドモアツメルナ オミセシメロ」という言葉で標的を攻撃する態度は、正義感にもとづいているという理由から許容されるとは言い難い。誰の目にもわかる「正しさ」を振りかざし、同調圧力により人々を特定の行動様式に押し込める現在の状況に戦中の日本を重ねる人々もいる[4]。SNSやTwitterでは、不祥事を起こした芸能人や有名人が厳しいバッシングにさらされることも多い。恋愛バラエティショーで共演者にとった態度がインターネット上で視聴者の非難を呼び、バッシングにさらされ耐えきれなくなった当事者が自殺する事件も起きた[5]。

### 〔2〕モラル・パニック

モラル過剰な時代とメディアの関係を分析するには社会学者スタンリー・コーエンが提示したモラル・パニックの概念[6]が有効である。社会学者のエリック・グッドらはモラル・パニックが発生する流れをつぎのようにまとめている[7]。

- 関心　まず、ある人物やグループ、あるカテゴリーが社会のほかの人々にとって害を与えるのではないかという関心を持つ。この関心は、恐れから生じる場合もあるが、必ずしも恐れと同じとは限らない。社会運動に熱心な人は、恐れよりも社会をよりよくするという関心から行動することもある。
- 敵意　つぎに、社会に害を与えるのではないかと思われる関心対象に敵意を抱く。それは、善良な「わたしたち」と社会の秩序を乱す「やつら」という対立構造を形成することになる。
- 合意　つぎに、社会的な脅威が現実的なものであり、この脅威が当該の関心対象が引き起こしたものであるということが社会の人々により合意される。
- 不均衡　敵対している「やつら」の脅威が、専門家の分析や事件の重大性といったマスメディアの報道により、実際よりも過大なものとして評価される。
- 揮発性　モラル・パニックは本質的に一過性のものであり、一定の時期がくると収束に向かう。

モラル・パニックとは、道徳的な「逸脱」に対する拒否反応である。モラル・パニックの発生に加担する人々は「道徳的に正しいことをしている」という自己認識から「攻撃」対象となる人々や組織を容赦なく非難する傾向がある。

インターネット上でのコミュニケーションはモラル・パニックを誘発する危険性がある。インターネット上の情報から私たちが「関心」を形成したり「敵意」を醸成するうえで、第2章、第3章で提示されたフィルターバブル現象や共鳴室現象の影響は大きい。インターネットコミュニティで形成される「合意」や「不均衡」は極化現象と重なる。インターネット上の情報は拡散と反復が繰り返される傾向があるため、「揮発性」というモラル・パニックの特性は割り引いて考えられなくてはならない。

インターネット上での炎上や偏見の拡散に関する優れた研究は数多くある[8]が、本章では望ましい議論を形成する思考に焦点を定めて検討する。

### 〔3〕他者不在の思考　—— 正しさの根拠をめぐる問いの忘却

正義感を振りかざす人々に共通する要素は「他者不在」の思考である。正義感を振りかざす人々は、自分の正義感が「本当に正しいかどうか」考えていない場合が多い。先に示したNHKの意識調査でも、日本人のモラルの低下を感じながらも「自分のモラルは高い」と回答している人は67%を占め、自分のモラルの意識は10年前と変わらないと回答している割合も58%と高い[9]。日本人のモラルは低下しているが「自分のモラルは高い（ままである）」という自己認識がこの調査から見てとれる。しかし、自分の正義感が本当に「正しい」となぜ断言できるのであろうか。また、自分の正義感を他者に振りかざし、他者を非難することが「正しい」と本当に言えるのであろうか。正しさの根拠をめぐる問いの忘却が、他者への非難を加速させる。インターネット上の炎上や偏見の拡散に抗うために、自らの正義感について他者の存在も見据えながら、批判的に考える態度を涵養することが必要である。

自らの正義感について批判的に考える態度が涵養されれば、他者を一方的に非難することはなくなるかもしれない。それでは自らが他者に非難されたとき、私たちはさらなる相手への非難で応酬すべきだろうか。第1章では「正しい罵り合い」が検討されたが、「正しい罵り合い」が公共空間のなかで成立するためには、一方的に相手を非難するのではなくて、罵り「合う」ことが必要である。罵り合う技術と態度を涵養することは、私たちの自ら発する言葉について敏感になり、規範的なお題目とは異なった言葉の力を取り戻すことにもつながる。

## 5.2 正しい罵り合い？ ―― ラップ的思考を通した相互理解の試み

### 〔1〕文句ある奴らは会いに来い

大阪池田井口堂　グリーンハウスの 25 号
文句あんなら会いに来い　文句あるやつらは会いに来い
警察だって知ってる　入国管理局だって知ってる
文句あんなら会いに来い　文句あるやつらは会いに来い

Moment Joon - IGUCHIDOU

韓国出身、大阪在住の“移民者”ラッパー、モーメント・ジューンの“IGUCHIDOU”の一節である。「文句あるやつらは会いに来い」と自分の住所をラップに乗せるモーメント・ジューン。「誰かに攻撃されたり嫌われたりするよりも、存在を無視されることのほうが僕は怖いです」と述べる彼は、「挑発することがヒップホップ特有の仕掛けだから、という面はありますが、会いに来てほしいという気持ちは本当にありました。自分を差別してくる人や、考えの違う人とも会話はできる。それを確かめたかったので」と語る[10]。文句があるなら正々堂々罵り合おうという姿勢は、たとえ価値観が異なる他者であったとしても、その存在を無視せずに言葉を交わそうとする態度である。モーメント・ジューンの表現は、「挑発する」というヒップホップの「仕掛け」を巧みに使いこなしながら、「正しい罵り合い」を通して他者との相互理解を試みる実践と捉えることができる。

### 〔2〕ラップ的思考の力　―― 喜怒哀楽を源泉とする思考

社会学者の川端浩平は、在日コリアン・ラッパー Funi と出逢い、彼の人生とラップ表現に触れる。Funi との対話と思索のなかで川端は「ラップ的思考」を見いだす。

> テレビやスマホから求められる無数の問いに対して逐一模範解答を探そうとする（コピペ）のではなく、即興的かつ領域横断的に情報を結びつけてオリジナルな言葉や問いを生み出していく。アクセスした情報から得られたインスピレーションをコピーしてペーストするという行為に代替するのではなく、別の意味や価値観を生み出していくこと。ラップのように、時には意味よりも韻やリズムを重視することにより、権力作用が強く働いている知識や規範から自由になることによって、つかの間かもしれないが考えるという行為の原点に戻ることができるのではないだろうか。[11]

模範解答は誰もが「正しい」と認める内容であるかもしれない。しかしコピー＆ペーストされた言葉からつくりだされた模範解答は、誰の言葉でもあると同時に誰の言葉でもない。模範解答からは私たちのリアルな生活感や感情が抜け落ちてしまう。ラップ的思考は、リズムと即興により既存の価値観を解体する力をもつ。その力の源のなるのは日常生活のリアリティーであり、私たちの喜怒哀楽である。

> たとえば、私たちの人生における重大かつ日々の関心事である恋愛や進学、結婚や就職に関する自分なりの考えや疑問と在日が抱える問題を結びつけていくことによって、私たちは在日を取り巻く差別について考えるのみでなく、そのような人生におけるイベントの酸い甘い、努力や苦しみ、成功や失敗などの意味についても考えることができる。そのような場面において、私たちが向き合うことになるのは、在日というマイノリティの勇敢な話や可哀想な話といった他人事としての理解ではなく、私たちが「他者」と共に生きることをめぐる喜怒哀楽についてである。そのような日常

的な思考を深める過程において出会う様々な情報を鵜呑みにするのではなく、自分自身の常識となってしまっている既存の「正しい」をディスりつつ（＝疑い）、新しい問いと理解を求めて情報を生み出して、私たちの社会に古くから継続して存在する「バカ野郎」を駆逐しよう。[12]

誰の言葉かわからない言葉では他者に伝わらない。むしろ日常生活のなかで私たちが抱く喜怒哀楽に向き合うことで私たちの言葉は生まれてくる。そうした言葉はメディアに溢れている既成の言葉とは違う輝きを放つ。ラップ的思考は、他者と共に生きることから始まる言葉の応酬のなかで紡ぎ出される思考である。

## 5.3 対話による世界の創造 ── 対話的思考と他者への応答

### 〔1〕対話的思考と対話的教育

「正しい罵り合い」の可能性は公共性の問題というよりは、むしろ他者と共に生きる態度の問題である。「人間は交わりのうちにしか自由になれない」[13]と説くブラジルの教育学者であり哲学者でもあるパウロ・フレイレは、対話を「世界を媒介とする人間同士の出会いであり、世界を“引き受ける”ためのもの」[14]と捉え、対話的教育についてつぎのように語る。

人間の存在というものは、そもそも静かに黙しているものではない。真実ではない言葉は、その存在の糧にはならない、しかし、真実の言葉というものは、世界を変革する力がある。人間として存在するということは世界を言葉に出して主体的に肯定して引き受け、その上で世界を変えていくことである。引き受けられた世界は、引き受けたものにさらなる問題を返し、さらに言葉による肯定を進めるべく迫ってくることになる。[15]

対話のないところにコミュニケーシャンはないし、コミュニケーションの成立しないところに本来の教育もまた、ない。教育する者と教育される者が矛盾を乗り越え、認識する対象を仲介しながら共に認識する活動を行う相互主体的な認識を創り上げる場、それが教育である。[16]

人ははじめから人間として存在するわけではない。言葉を用いて他者と交わり、その反応と省察のなかで人間に「なる」。対話とは、世界と人間のわかちがたい共生について考えていくことなのである。対話によって人と人が自分たち自身の言葉を交わし、新たな世界を創造する場としてフレイレは対話的教育を捉えている。

### 〔2〕被抑圧者の教育学 ―― 抑圧された者の解放としての教育

教育とは、既成の思考や規範意識、権力構造や支配構造から離れて思考の自由を獲得する力を涵養することであるとフレイレは考えている。既存の教育制度では、「教える者」と「教えられる者」の非対称的な関係性のなかで「模範解答」となる知識を効率的に伝達することが目的とされる。この模範解答は誰の言葉でもないと同時に既存の権力構造や支配構造を正当化する規範を含む。既存の教育制度は、現在の権力構造や支配構造を再生産する役割を果たしているのである。フレイレは権力構造や支配構造に抑圧された人々にとってこそ、教育が必要であると考える。

被抑圧者の教育学は、人間的であり、自由を求める教育学であって、そこには二つの重要な局面がある。一つは、被抑圧者は、抑圧的な世界の化けの皮を剥ぎ、変革の実践にコミットしていく、ということ。もう一つは、ひとたび被抑圧的な現実が変革されれば、この教育学は被抑圧者だけのものではなくなり、絶え間ない自由を求める人間存在そのものの教育学となっていく、ということ。[17]

フレイレは、権力構造のなかで非人間的な扱いを受ける被抑圧者を解放するとともに、私たちすべての人間が希望を抱き人間らしく自由に生きていく世界の創造を目指している。対話を通した教育は、この世界を変革する本質的な要素である。

## 5.4 むすびにかえて ―― 望ましい議論を「望ましい議論」にする態度

### 〔1〕他者の存在に対する責任 ―― 応答責任と説明責任

ラップ的思考も対話的思考も他者を既成の枠組みとして捉えるのではなく、他者と言葉を交わすなかで他者との関係性を築いていく思考である。抑圧されている人々が自らの言葉を発するとき、その言葉に応答する態度と言葉が求められる。そこで言葉が交わされるとき、新たな世界を創造する契機がうまれるのである。

他者と交わる態度は、「説明責任」(accountability) と「応答責任」(responsibility) というふたつの責任概念から説明することが可能である[18]。「説明責任」は、単に行動を説明するという意味ではなく、自分の文化背景や価値観にもとづいて、自分の行動や考えを他者に伝える態度である。それに対して「応答責任」は、他者を自分の理解の枠組みに当てはめて判断するのではなく、他者そのものと向き合い、他者に応答 (response) しようとする態度である。説明責任と応答責任を私たちが引き受けることで、他者を理解しようとしながら言葉を交わすことができるのである。

### 〔2〕結局、「望ましい議論」に向かうとはどういうことか？

「望ましい議論」に向けて教育はなにをなすべきかという問いに明確な解答を与えることは困難である。この問いに答えるためには、そもそも「だれにとって」望ましい議論であるのか問わなくてはならないだろう。第4章では「望ましい議論」についてジャーナリストの四つのアプローチから検討された。議論の「望ましさ」の比重は、ジャーナリストのアプローチによって変化する。例えば「言論の自由や表現の自由を保障する議論が『望ましい議論』であり、人々は言論の自由と表現の自由を保障して議論をおこなう『べき』である」と一つの見解を提示して、教育目標を設定するにすることはできるかもしれない。しかしそれは「模範解答」の一つに過ぎない。私たちの社会には差別や偏見に苦しむ人々がいるし、インターネット上で過剰なバッシングに晒されている人々がいる。このような現実社会において、誰の言葉でもない言葉で構成された「模範解答」を提示することに果たしてどれだけ意味があるであろうか。

ラップ的思考力の源泉は、私たちが社会で他者と共に生きることを通して感じる喜怒哀楽であった。誰もが社会で暮らしていくなかで感じる思いを乗せて言葉を投げかけることが大切である。それがフレイレの言う「真実の言葉」であり「世界を変える力」を持つ言葉である。その対話において常識や既存の世界を解体していくなかで、新たな関係性と対話が立ち上がってくる。その立ち上がった対話がたとえ「望ましい」ものでなかったとしても、他者と応答することが求められる。

対話的教育においては、学校の教育制度が問題なのではない。目の前の私たちがすでに出逢っている（あるいは未だ出逢い損なっている）他者との対話こそが他者と共に世界を創り上げていく教育実践なのである。「文句あるやつらは会いに来い」と発するモーメント・ジューンの言葉を私たちがどのように受け止め、どのように応答するのか。この応答について共に考え、対話していくことから「望ましい」議論に向けた教育は始まるのである。

## 5.5 補遺

### 〔1〕メディアリテラシー　――教育という処方箋

本章では教育をテーマに議論を展開したが、ここで議論してきた教育は学校教育制度における教育実践というよりはむしろ、対話を通して他者と共に生きていく態度を涵養する必要性を説いたものであった。「望ましい議論」を実現するために必要な知識を伝える教育実践ももちろん存在する。それはまず、私たちがどのような思い込みや偏見に陥りやすいのか、私たちの思考の「クセ」を理解することである。つぎに、私たちの思考のクセを理解した上でメディアの情報を批判的に考えることである。補遺ではこのふたつの具体的な内容を簡単ではあるが紹介する。

### 〔2〕私たちの思考のクセを自覚する[19]

a. 私たちは自分が見たいようにものを見てしまう

- **確証バイアス**（Confirmation Bias）　自分の意見や価値観に一致する情報ばかりを集めて、それに反する情報を無視する傾向。
- **バックファイアー効果**（Backfire Effect）　自分の世界観に合わない意見に出会ったときに、自分の意見に固執する傾向。
- **認知的不協和**（Cognitive Dissonance）　自分の信念と矛盾する事実に出会ったときに不快感を覚える傾向。
- **利用可能性ヒューリスティック**（Availability Heuristic）　怪しい情報であっても繰り返し報道されたり、インターネット上で繰り返し見聞きしたりすると、その情報は正しいという認識が生まれ、強化されてしまう傾向。
- **バンドワゴン効果**（Bandwagon Effect）　「みんなが選ぶものはいいものである」という先入観があるため、大勢の人がある製品や事柄を選択している場合、人々はそれを選択しようとする傾向。
- **同調圧力**（Peer Pressure）　仲間集団で意志決定をするときに、少数意見を多数派の意見に誘導しようとする傾向。➡ 同調圧力が強すぎると「集団極性化（GroupPolarization）」を引き起こす。

b. 私たちの考えは社会的影響を受けやすい

- **社会的影響**（Social Influence）　バンドワゴン効果や同調圧力によって社会的影響力が強化される。

c. 私たちは周囲の人々の感情柄影響を受けやすい

- **情動感染**（Emotion Contagion）　社会だけではなく周囲の人の感情からも影響を受ける傾向。道徳感情語（道徳的な感情を惹起する言葉）は頻繁にリツイートされる。

d. 類は友を呼ぶ

- **同質性**（Homophily）　性格や価値観が似ているとか、出身や住まいが同じとか、何らかの共通点がある人たちは社会的につながりやすいという傾向。

日常生活のあらゆる事象を批判的に検討するには相当の負担がかかる。日常生活を円滑に過ごすためには、私たちの思考のクセはむしろ必要である。しかし、自分の意見や他者の意見を吟味したり、インターネットに流通している情報を検討する上では、私たちの思考のクセを知り、特定の価値観や既存の価値基準だけで事象を評価していないか客観的に検討することが必要である。私たちの思考のクセを知識として理解する教育には、一定の効果が期待できる。

### 〔3〕メディアリテラシー教育[20]

米国ワシントンDCにあるニュースとジャーナリズムの博物館「ニュージアム（Newseum）」がフェイスブックのサポートを受けて開発した「ESCAPE Junk News（ジャンクニュースから逃げろ）」では、インターネットで目にする情報を評価する際に疑ってみるべき6つの項目を英語の頭文字からESCAPEと表現している。

① Evidence（証拠）：その事実は確かかな？
② Source（情報源）：誰がつくったのかな？つくった人は信頼できるかな？
③ Context（文脈）：全体像はどうなっている？
④ Audience（読者）：誰向けに書いてあるの？
⑤ Purpose（目的）：なぜこの記事がつくられたの？
⑥ Execution（完成度）：情報はどのように提示されている？

私たちがフェイクニュースや偏った情報を鵜呑みにしないためには、これらの6つの視点からインターネットの情報を批判的に検討することが必要である。学校教育で特定のトピックを取り上げ、この6つの視点からそのトピックを評価するグループワークを実践することは大きな効果が期待できる。

### 〔4〕望ましい議論に向けた技術のトレーニング[21]

他者と議論を重ねるためには、思考のクセを自覚しつつ自分の意見を客観的に吟味するとともに、他人の意見もよく聴き、批判的に吟味することが必要である。批判的に吟味するとは、自分の意見や他人の意見を否定することをすぐさま意味するわけではない。批判するとは、ある主張についてその根拠や前提についてしっかりと吟味することである。意見を批判的に吟味するには、相手の意見を筋道の通ったかたちで理解して再構成する「思いやりの原理 (principle of charity)」と、相手と一緒に議論を深めていこうとする「協調原理 (principle of cooperation)」に従う必要がある。意見を批判的に吟味するということは、人と協力して意見を検討していく協力的な態度を身につけることでもある。話し合いを有意義なものにするためには、この二つの原理を遵守する必要がある。その上で、私たちの思考のクセを自覚し、メディアリテラシーを高めつつ協力して自分や他人の意見を吟味していく教育実践が学校教育には求められるであろう。

## 脚注

〔1〕フレイレ（2014）, p.128

〔2〕NHK 放送文化研究所（2006）, p.44

〔3〕ちかさとナビ「相次ぐ「自粛警察」どうすれば」NHK, 2020 年 5 月 20 日
https://www.nhk.or.jp/shutoken/net/20200520.html（2020 年 12 月最終確認）

〔4〕例えば、朝日新聞「コロナ禍の空気　戦後 75 年：上　自粛警察、思い出す防諜」2020 年 7 月 26 日（東京朝刊）および朝日新聞「戦後 75 年　コロナ禍のもとで：下「規範」圧力、戦時中と似る」2020 年 7 月 26 日（東京朝刊）

〔5〕朝日新聞「出演者死去、中傷に苦悩か　リアリティー番組「テラスハウス」配信後、SNS で攻撃」2020 年 5 月 26 日（東京朝刊）

〔6〕コーエンはモラル・パニックについて次のように述べる。

社会は今も昔も一定期間、モラル・パニックの影響を受けるようだ。つまり、ある状況や話題、人物やグループが社会の価値や利益に対する脅威とみなされるのである。モラル・パニックの本質は、マスメディアが提供する格式化された紋切り型の流行である。そして、記者や宗教家、政治家、自分のことを正しいと思っている人々（right-thinking people）によって、道徳の包囲網がつくりだされるのである。

Cohen, Stanley(2002), p.1

〔7〕Goode, Erich ／ Yehuda, Nachman Ben(1994), pp.33-41

[8] 例えば、ネット炎上の研究については田中辰雄・山口真一（2016）が歴史的な観点から教育も含めて包括的に議論している。髙史明（2015）は、インターネット上の膨大なデータを分析してネットが加速させるレイシズムとヘイトスピーチを在日コリアンへの偏見という観点から論じている。
[9] NHK放送文化研究所（2006）, p.44
[10] 朝日新聞「オピニオン（インタビュー）文句あるやつらは来い　ラッパー、モーメント・ジューンさん」2021年1月7日（東京朝刊）
[11] 川端（2020）, p.17
[12] 同上。
[13] フレイレ（2014）, pp.66-75
[14] フレイレ（2014）, p.120
[15] 同上。
[16] フレイレ（2014）, p.130
[17] フレイレ（2014）, p.45
[18] 詳しくは、上村崇「対話を通しての哲学」伊藤潔志（編）（2018）『哲学する教育原理』教育情報出版, pp.116-120
[19] 笹原和俊（2018）第2章「見たいものだけ見る私たち」を参照。
[20] 笹原和俊（2018）第5章「フェイクニュースの処方箋」を参照。
[21] 上村崇「哲学を実践してみる」伊藤潔志（編）（2018）『哲学する教育原理』教育情報出版を参照。

## 引用文献


伊藤潔志（編）（2019）『哲学する教育原理』教育情報出版

川端浩平（2020）『排外主義と在日コリアン　互いを「バカ」と呼び合う前に』晃洋書房

笹原和俊（2018）『フェイクニュースを科学する：拡散するデマ、陰謀論、プロパガンダのしくみ（DOJIN選書）』化学同人

髙史明（2015）『レイシズムを解剖する―在日コリアンへの偏見とインターネット』勁草書房

田中辰雄・山口真一（2016）『ネット炎上の研究 誰があおり、どう対処するか』勁草書房

フレイレ, パウロ　三砂ちづる（訳）（2014）『被抑圧者の教育学』亜紀書房

NHK放送文化研究所（2006）『放送研究と調査　2006年12月号』

Cohen, Stanley(2002), “*Folk devils and moral panics*”, Routledge.

Goode, Erich ／ Yehuda, Nachman Ben(1994), “*Moral Panics: The Social Construction of Deviance*”, Blackwell.

# おわりに

本書はポスト・トゥルース時代の議論について実証研究と文献研究から多角的に検討することを試みた専門領域が異なる研究者によって編まれた論集である。執筆者の茨木、上村、塚本は『「極化」現象と報道の倫理学的研究』に引き続き本書の執筆に参加している。前著の「おわりに」に私は「私たちと隣人の間に存在する分断や溝を埋める粘り強い対話の空間を日常の暮らしの中から創出することにこそ、メディアと報道の役割がある」という文章を寄せた。本書はこの「粘り強い対話の空間」を創出することはいかに可能かという問題意識を引き継ぎ、展開した思考の集積である。

極化現象の共同研究を続けて7年が経とうとしている。この7年で世界は大きく変わった。2021年2月現在、Covid-19の感染はいまだ収束を迎えていない。感染防止対策に関する議論は経済優先か医療優先かという二分法に陥り、立場の異なる人々の間で溝が深まっている。2021年1月にはアメリカ合衆国国会議事堂襲撃事件が起きた。民主主義の危機と言われるこの事件には時間をかけた検証が必要であるが、アメリカ合衆国内部では支持政党によって人々の分断と溝が一層深まる恐れがある。このような時代に本書が問題解決の処方箋として効果があるのか心許ない。しかし、本書が現実世界の分断を見据え、客観的な分析から望ましい議論を構築するには何が必要かとそれぞれの分野の研究者が思考をめぐらせた成果であることは紛れもない事実である。

本書がメディアと報道のあり方について考えるきっかけになってくれれば、筆者としては幸甚の至である。

2021年2月

上村　崇

# 編著者紹介

**塚本 晴二朗**（つかもと・せいじろう）
［はじめに・第４章］
学歴　日本大学 大学院 法学研究科 博士後期課程 政治学専攻 単位取得満期退学
博士（コミュニケーション学）
所属　日本大学 法学部 新聞学科 教授
著書　『ジャーナリズムの規範理論』日本評論社、『ジャーナリズム倫理学試論』南窓社、『「極化」現象と報道の倫理学的研究［共編著］』印刷学会出版部

**上村 崇**（うえむら・たかし）
［第５章・おわりに］
学歴　広島大学大学院 文学研究科 博士課程後期 倫理学専攻 修了
博士（文学）
所属　福山平成大学 福祉健康学部 健康スポーツ科学科 教授
著書　『科学技術をよく考える［分担執筆］』名古屋大学出版会、『教育と倫理［分担執筆］』ナカニシヤ出版

**眞嶋 俊造**（まじま・しゅんぞう）　［第１章］
学歴　英バーミンガム大学 グローバルエシックス研究所 博士課程修了
Ph.D
所属　東京工業大学 リベラルアーツ研究教育院 教授
著書　『平和のために戦争を考える―「剥き出しの非対称性」から』丸善出版、『正しい戦争はあるのか？―戦争倫理学入門』大隅書店、『人文・社会科学のための研究倫理ガイドブック［分担執筆］』、『民間人保護の倫理―戦争における道徳の探求』北海道大学出版会

**茨木 正治**（いばらぎ・まさはる）　［第３章］
学歴　学習院大学 大学院 政治学研究科 博士後期課程 単位取得退学
博士（政治学）
所属　東京情報大学 総合情報学部 教授
著書　『現代ジャーナリズム事典［共著］』三省堂、『マンガジャンル・スタディーズ［編著］』臨川書店、『メディアの中のマンガ』臨川書店、『「極化」現象と報道の倫理学的研究［共編著］』印刷学会出版部、「感情と議論―怒り・ユーモア・熟議」『法政論叢』第57巻第1･2合併号

**山田 尚武**（やまだ・なおたけ）
［2.1～2.5節、2.8節(2)］
学歴　日本大学 新聞学研究科 新聞学専攻 修士課程 修了
修士（新聞学）
所属　日本大学 新聞学研究科 博士後期課程 在籍
著書　『日本の連立政権［共著］』八千代出版

**本多 祥大**（ほんだ・よしひろ）　［2.5節］
学歴　日本大学 危機管理学部 危機管理学学科 卒業
学士（法学）
所属　日本大学 新聞学研究科 博士前期課程 在籍

**鯉淵 拓也**（こいぶち・たくや）
［2.6～2.8節(1)］
学歴　日本大学大学院 新聞学研究科 博士前期課程 修了
修士（新聞学）
所属　日本大学大学院 新聞学研究科 博士後期課程 在籍
著書　「現代日本における創作系ネットツールの利用形態―コミュニケーションメディアを介した相互作用についての実証研究」日本出版学会編『出版研究』第50号所収

# 「ポスト・トゥルース」時代における「極化」の実態
## 倫理的議論と教育・ジャーナリズム

2021年３月10日　第1版1刷 発行　　ISBN978-4-87085-240-2　C3036

編著者　塚本晴二朗，上村崇
著　者　眞嶋俊造，茨木正治，山田尚武，本多祥大，
鯉淵拓也



発行所　株式会社 印刷学会出版部
〒104-0032　東京都中央区八丁堀4-2-1
TEL03-3555-7911　FAX03-3555-7913
https://www.japanprinter.co.jp/
info@japanprinter.co.jp
本書をお読みになった感想や，ご意見ご要望を
eメールなどでお知らせ下さい。

印刷・製本　杜陵印刷株式会社